NIKKEI BUNKO 日経文庫

チームマネジメント

古川久敬

日本経済新聞出版社

まえがき

ご存じのとおり、今日、職場の様相は大きく変わってきています。

フラット化が進み、チーム化しました。柔軟さがより問われるようになりました。取り組む課題も、メンバーの特性も構成も違ってきました。系統を超えたプロジェクトチームも多く作られています。さらには時間が限られ、高い成果も求められています。本書は、このように変化しつつある職場やチームを担うリーダーやプレイングマネジャーのためのものです。

私たちは、「わが国は集団主義なので、職場やチームの運営は得意」と思い違いをしていました。これは次の三つの変化に出会ったことではっきりしました。

第一に「明日も今日までと同じことを続ける」だけではまったく通用しなくなりました。先がよく見えない状況にあっても、リーダーは、次に何に取り組むかを、しっかりした根拠を添えて考え出し、チームを方向づけ、動かさなければなりません。簡単なことではありません。

第二にチームワークの質が変わりました。報告、連絡、相談（ホウレンソウ）を心がけて、良好でなごやかな人間関係を保つことはもちろん大切です。しかしそれだけでは競争力が持てなくなりました。チーム外との連携も図りながら、チーム内で情報や知識を練り上げ、実行に移さなければなりません。これもたやすいことではありません。

第三にメンバーの様子が変わりました。個人志向を強め、かつ専門性を高めています。他社からの出向者も増え、年長のメンバーも少なくありません。全体は少数化しています。そんな中で、チームの結束力と協同態勢を作らなければなりません。工夫が必要です。

こうして、リーダーは発想を変え、職場やチームの状況変化に対処できるマネジメントを理解し、力の適切な注ぎ方を身につけなければなりません。

本書は、それをサポートします。成果をあげるための準備、チーム課題の見極め方、時間経過によるチームの変化、時限を持つチームのマネジメント、メンバーのモチベーションの引き出しとコンピテンシー（業績直結能力）の育成などを取り上げました。初めてチームマネジメントにあたるリーダー、難しい状況に置かれて悩みを抱えているリーダー、そして、新たなチームに心機一転して臨もうとしているリーダーに、ぜひ読んでいただきたいと思います。

二〇〇四年二月

古川 久敬

チームマネジメント――【目次】

[V] 時限を持つチームを動かす

目　次

[I]

チームの運営が鍵を握る

最近、個人からチームへ揺り戻しが起きています。「かつての集団主義がよかったので、そこに戻る」ためではありません。新しい気づきと意義が込められています。

この章では、次のような感想や疑問に関連したことを考えます。

●自立型や自律型社員が求められているが、その意味を誤解している人がいる。

●仕事は一人ではできないのに、チームワークの重要さと潜在力を忘れかけている。

あらためてチームを理解し、仕事に生かしたい。

●見る者の感動を呼ぶテレビ番組「プロジェクトX」はかつての偉業を紹介している。

これからだって立派な仕事はチームでしかできないのでは……。

1　高まるチームへの関心

わが国の組織で、チームに対する関心が急速に高まっています。そしてチームのマネジメントが活力ある組織づくりの鍵を握ると考えられるようになりました。

これには、三つの確とした理由があります。

(1)　個人志向への反動

第一は、やや消極的な理由にもみえますが、ここしばらく個人に関心が向きすぎていたことへの反動です。チームやチームづくりに関心を持たざるを得なくなったのです。

自立や自律がキーワードになり、ほとんどあらゆる組織で、自立型人材の育成が叫ばれてきました。そのためにキャリア開発はたいへんな人気を博しました。また会社による丸抱えの階層別の研修はすっかり影を潜め、それに代わって、自己啓発の意欲を持つ希望者だけが受けるカフェテリア形式の研修が主流となりました。

さらに、経営トップから現場の第一線に至るまで、一人ひとりの能力や業績について、個別の評価が行われるようになりました。勢い余ってコンサルティング会社の「あなたの市場価値はいくらなのか査定してあげます」という呼びかけに応じて、査定を受ける人も出ました。ビジネスジャーナリズムも、これらをあおってきました。

このような個人志向の動きは、それぞれの意義とインパクトを持ち、少なくともわが国の組織で働く個人に、かつて以上に「自分とは何か」を意識させました。しかしその反面で、関心を自分だけに向けさせる副作用も発生させました。自己中心的な発想が目立ったり、周囲とのかかわりや協同を軽視したり無頓着になる傾向を生み出しました。

米国の動き

わが国と比べて、もともと個人志向であった米国企業はどうかといえば、やはりチームへの関心がこのところとても高まっています。

そのひとつは、Ⅵ章（モチベーションをどう引き出すか）でも述べますが、個人の実績評価の指標として、課題業績のほかに、同僚や職場（チーム）に対してどのくらい貢献したかを「文脈業績（contextual performance）」と名づけて、それを適切に測る動きが始まっていま[1]す。個人としてがんばるだけでなく、チームとして活動することの大切さを意識させ、その実行を高く評価し、処遇するシステムが作られようとしているのです。

もうひとつは、「三六〇度フィードバック」の導入です。[2] 個人志向が強すぎると、自分のことしか考えず、同僚に対して目が向かない。したがって協力関係は希薄となり、チームとしての盛り上がりは生まれません。良好で高質のチームワークが成果の鍵を握ることは、日本だけでなく米国でも同じです。いや、世界中で共通することです。

そこで、ある個人について、その個人の周囲の人々が受けとめている様子や程度を把握して、「あなたの周囲の人々は、あなたをこのようにみていますよ」と知らせてあげる。これを三六〇度フィードバックと呼んでいます。これによって個人に周りを意識させ、周りの人たちと前向きの協力関係を持つきっかけにしようというわけです。そこに、教育的な意味が流れています。

ちなみに、これがわが国の組織に導入されるとき、やや趣が違ってきます。名称も「三六〇度評価」となり、個人の現状の評価を、上司単独ではなく、周囲の人々（複数）で行うというものに性格が変わっています。それは個人別評価のひとつであり、評価の客観性を高めるという意味合いが含まれています。

そのほか、米国の最近の研究動向も、チームとしての活動の重要性を意識し、そのチーム活動の効果性をどのように高めるかにかかわるものが増加しています。例えば、協同的グループ、自己管理チーム、集合的モチベーションなどがキーワードです。

(2) 大きな成果はチームワークで生まれる

チームに対する関心がとみに高まっている第二の理由は、やはり仕事は一人ではできないこと、言い換えれば、良好で高質のチームワークがなければ創造性や成果は生まれないことが、あらためて強く認識されるようになったためです。

組織内の仕事は、単独ですませられるものはごく少なく、ほとんどすべてがチームワークを必要とするものばかりです。とりわけ組織の成長力の源泉となる新たな開発、大きなシステムの構築、大口の商談、あるいは新規の活動などはいずれも関係する人々の密接な協力が不可欠です。チームワークなくして成就しません。

「これからは、一人のスーパースターに頼っていればよい時代ではない。関係者のしっかりとした協同から新たな発想や創造性は生まれる。チームワークが鍵を握っている」として、社内のチームビルディングにてこ入れし、チームワークの醸成、すなわちチームマネジメントに力を注ぐ経営者が、業種を問わず出てきています。そしてそういう会社は勢いを取り戻し、その結果として業績は確実に伸びています。

多くのビジネスマンに感動を引き起こさせ、感動の涙さえ誘うＮＨＫの番組「プロジェクトＸ―挑戦者たち」は、いずれのケースにおいても例外なく、卓越した個人と周囲の人々との密なる交流とチームワークが描かれています。個々人がチームとしてまとまるとき、個の寄り集まりは質を変え、新たな知恵、不思議な力が湧いてきます。人はそれに心を動かされます。

①非正社員数の増加とチームワーク

この数年、正社員数を減らし、必要な要員は非正社員（パート、アルバイト、派遣社員）でまかなうという組織が急増しています。そのために、非正社員の人数が正社員を大きく上回っている組織や職場は、年々、増え続けています。

名の知れたアミューズメントランドも、世界中に展開されているファストフードチェーンも、あるいは拡張し続けているレストランチェーンも、いずれも非正社員が圧倒的多数を占めています。それにもかかわらず、これらはそれぞれに勢いを持っています。

チームワークは、正社員のみの組織ではもとより、このような非正社員が多数を占める職場においてこそ重要性を持っています。一般的にいって、非正社員は高い流動性を持ち、仕事や職場との関係性は一時的で総じて希薄です。チームに対するコミットメントも抱きにくい存在です。

それでありながら職場に活力が生まれるのは、チームビルディングに成功し、高質のチームワークが醸成されているからにほかなりません。活力の秘密はチームのあり方です。職場を統括するリーダーの持っているチームマネジメント力の差です。チーム力を確保できれば、不利な条件を克服し得ることを教えてくれています。

もちろん、そのような組織においても職場間の格差はみられます。店の雰囲気も働く人たちの様子も少しずつ違います。それによって、楽しさも、おいしさも違ってきます。このような格差の原因のひとつは、チームワークの優劣にあるといっても間違いないでしょう。

②ビジネスモデルの卓越性とチームワーク

読者もよくご存じのとおり、組織の業績は、新しい価値を持つビジネスモデルが考案され、それが卓越しているときに高まります。このために、多くの企業で実施されている経営後継者やビジネスリーダーの育成研修では、受講者に新たなビジネスモデルの考案を求め、修了にあたって経営トップを前に自らの考案を発表してもらうようにしています。

期待されているビジネスモデルは、知的に合理的に考えて発表すればそれで終わり、すなわち発表するのが目的ではないはずです。それを現実に起動させ、成果につなげることが目指されているはずです。しかし、ビジネスモデルが成果をあげるためには、そのモデルにたずさわる個人やチームがゴールを確認しあい、協同的に活動できなければなりません。

そのモデルの実効性は、良質で確実なチームワークの醸成ができるか否かで決まります。リーダーがチームマネジメント力を備えていなかったことから、そのようなチームワークを実現できずに、とても立派にみえたビジネスモデルが頓挫する例が多くあるのは残念なことです。

(3)　チームマネジメントの難しさの再認識

チームへの関心が高まっている第三の理由は、チームマネジメントの手強さや難しさが気づかれるようになったためです。

チームマネジメントの重要さを認識するにとどまらず、管理者やリーダーは、実際にチームマネジメント力を獲得できなければなりません。これは容易ではありません。

その理由は二つあります。第一は、かつてと比べてチームの種類やチーム内外の環境が変わってしまったことです。第二に、それに連動してチームワークの力点が変化し、チームマネジメントの中身がより高度になってきているためです。

わが国は、よくいわれているように集団主義でした。総じて、チームにはなじみを持ってき

図1－1　チームワークの3つのレベル

レベル3 ― 創発的なコラボレーション
知的な相互刺激，情報練り上げ

↑

レベル2 ― 役割を超えた活動
役割外（extra-role）行動，新規行動

↑

レベル1 ― メンバーの円滑な連携，協力
ホウレンソウ，情報共有，円満な人間関係

ました。そしてチーム内の和、調和、あるいは協調を大切にし、何事も「ここはひとつみんなで」を合言葉として対処してきました。そんなことから、ついつい「我々はチームマネジメントが得意」と思い込んでしまいました。しかしこれは、最近の状況変化のせいでチームワークの勘どころが移ったことから、まったくの幻想となってしまいました。

①チームワークの良さの三つのレベル

チームワークの質は、図1―1に示すように、三つのレベルに分けて考えるとわかりやすくなります。

レベル1は、メンバーがうちとけあい、各自の職務を、適切な報告、連絡、相談（ホウレンソウ）を通して密にコミュニケーションをとり、協力的な人間関係の中で、円滑にやり遂げているような状態を指します。結束がとれており、和やかさや温かさが漂っています。この状態を作り出すこともたやすくはありませんが、このレベル1は、あくまでチーム

ワークの基礎でしかありません。

レベル２は、メンバーが自己の役割を果たし、相互に緊密な連携をとることはもちろん、チーム全体のことを考慮して、善意によって自分の既定の役割を超えるなど、柔軟にして建設的な行動（活動）を示すという意味での良好さです。

チーム活動はさらに、チーム内の時間経過やダイナミクス、あるいはチーム外の環境変化によって、その内容の手直しや変更を迫られます。あらかじめ想定していなかった新規の、あるいは突発的な役割や活動が発生します。これらに進んで取り組む行動はとても重要で、それによって最終の成果が確保されることは経験的によく知られています。

そしてレベル３は、緊密な協力や自己の役割を超えた行動を見せあうだけでなく、メンバー相互の知的刺激や交流があり、それを通して新規の発想、創造的な知識が触発され、さらには独創的なサービスや製品が生み出されるようなチームワークです。

②今必要なのはレベル３のチームワーク

こうして今日、レベル３のチームワークがとりわけ必要とされていることは明白です。斬新な発想や新事業は、単独個人に頼るだけでは限界があります。部門や専門を超えて関係者がアイディアをぶつけあい、練り上げることで生まれるからです。

わが国のチームワークの水準は、かつてであればレベル1やレベル2で事足りていました。それは取り組む課題が明瞭に決まっていて、それをどう効率的に達成するかを考えればすんだからです。いわゆるhowの追求でよかったのです。そこでは、各自が個を表に出さないで、チームの結束を図ることが最適解でした。

しかし今は事態が一変しました。競争も激しさを増しています。さらにはこの章の冒頭で触れたように、レベル1も十分ではないうえに、さらにレベル2が脅かされています。

そのような中でレベル3のチームワークが不可欠になったわけです。他者の発想に自分の示唆を上乗せして充実させたり、あるいは

COFFEE BREAK

――カレンダーの掛け替えは誰の仕事なのか――

新年早々、私はある企業の経営研修所に行き、講師室に入りました。いつものように椅子に腰掛けてふと壁を見ると、なんと昨年12月のカレンダーが掛けられたままでした。最先端を標榜しているとされる企業だけに、ふさわしくないと感じました。

担当の方に「カレンダーが先月のままですね」と話しかけたところ、少し困惑したような感じで、「カレンダーを替えるのは誰の仕事にも入っていないものですから……」との反応が返ってきました。その企業は目標管理制度を導入していることでも知られ、各自が自分の目標と課題を明確にしています。

確かにカレンダーの掛け替えは誰の目標にも入っていないわけです。もともと個人志向が強まる中で、個人目標をはっきりさせる目標管理が実施される。レベル2やレベル3のチームワークを、これまで以上に意識しなければなりません。

ちなみに、講義の中休みに講師室に戻ったら、カレンダーは新年のものに取り替えられていました。

逆に自己の着想に他者の助言を取り込むなどして、何に取り組むのか（what）とその根拠（why）を明確にする必要があります。そしてそれをもとに周囲を説得し、確実に実行し、成果をあげていかなければなりません。これらについて、わが国のリーダーは、不慣れもあって決して得意とはいえません。

このような気づきは、わが国でも持たれ始めています。技術や製品において世界的に高い評価を受けている大手企業では、インターネット上で意見の交換や議論を行い、共同作業を通してビジネスプランなどをまとめ上げる専用システムを開発しました。これを活用して、開発者の個人的なアイディアに対して広く社内に意見や協力者を募りながら磨き上げることを目指しています。そしてまずは新入社員からこのシステムになじむようにと研修が始められています（これと関連してⅦ章2節のコンピテンシーラーニングにおいて、メンバーの経験をチーム内で共有することの効果を紹介します）。

チームワークの質がこのように変わったことに、未だに気づいていないリーダーもいます。一方、気づいたリーダーたちが、チームやチームマネジメントに対しての関心を数段高めているのは当然のなりゆきです。

2　多様化するチーム

(1)　チームを構成するもの

本書で想定しているチームには、従来からの部や課も入ります。そして、組織のフラット化によって誕生したチーム（グループ）や時限的チームなど、幅広いものが含まれます。

①内部環境

これらのチームは、それを構成する要素において共通性を持っています。図1－2に示すように、内部環境を構成する最重要のものは課題（タスク）です。どのようなチームも、何でもいいから作られているわけではありません。その明瞭さにおいて差はあるものの、取り組む課題や目標を持っています。

そのほかに、その課題を遂行するリーダーとメンバーがいます。チームの課題をよりどころとして、リーダーとメンバーはかかわりあいながら活動を進めます。

そのチーム活動に付随して生まれるチームワークの良否は、チームにとって新たな内部環境として、その後のチーム活動に影響を与えます。ますますいい形に回転することもあれば、逆

図1-2　チームを構成するもの

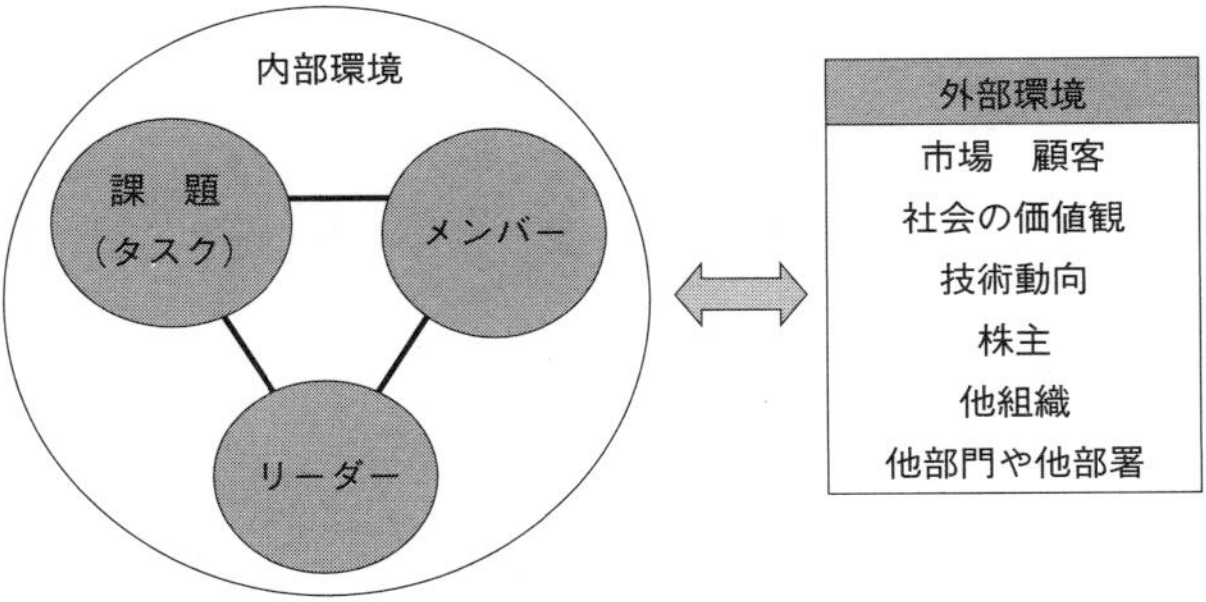

もあり得ます。チームマネジメントが必要とされる理由はここにあります。

②外部環境

変化の激しい時代ですから、チームの外部環境も、あえてチームを構成していると考えるべきです。具体的にいいますと、図1－2にあるように、市場、顧客、社会の価値観、技術動向、あるいは株主です。多くの組織で標榜されている顧客志向は、これらへの目配りがなければ始まりませんし、効果もあがりません。多くのことについて、その正解は顧客やユーザーが握るようになってきているからです。

また、他組織もしっかりと視野に入れておかなくてはなりません。これは競争（競合）関係のときも、協力（提携）関係のときもあり得ます。

さらに自組織内の他部門や他部署とも密接なリンケージ(linkage 連携）を持ちます。これらからの理解や協力の取り

表1-1　チームの持つ特性の変化（従来型職場との比較）

属　　性	チ　ー　ム	従来の職場
取り組む課題	ほとんど不明瞭 探索，実験，新規学習	かなり明瞭 既学習の継続・反復
成果の明瞭性	高い	低い
存続期間	時限的	永続的
存立基盤	かなり弱い	かなり強い
メンバーの専門的多様性	高い	低い
メンバーの流動性	高い	低い
リーダーの権限	やや曖昧，かなり脆弱	かなり明瞭，かなり強い
外部とのかかわり	とても高い	あまり高くない
外部からの影響	とても大きい	かなり小さい

付けはとても重要です。さらにまた自チームにとって最も近い自部門の関係者も含まれます。

(2)　チームの持つ特性の変化

チームを構成するこれら各要素の特性は、近年、大きく変わり続けています。そのことを念頭に置いておく必要があります。その変化の特徴は表1－1に示すとおりです。

①取り組む課題と成果

チームが取り組む課題は、継続よりは新たに設定するものが増えました。何に取り組むか（what）を探索し、考えることから始めなければならない場合もあります。首尾よく課題を見つけることができたとしても、その後も不明瞭さは続きます。そのために、チームとして実験的な活動と振り返りをくり返しながら、新しい学習を進めていかなければならなくなりました。

これとは対照的に、生み出すべき成果への期待は格段に大きくなっています。またより創造的で競争力を持ち、組織に貢献できるなど、とてもはっきりしています。

②メンバーについて

チームメンバーの構成は多様化しています。基本的には少ない要員で取り組みます。人的な余裕はほとんど望めません。少数でも、精鋭であればいいのですが、単に頭数だけ少ないという場合も希ではありません。

正社員よりも非正社員の数が上回ることもあり、流動性も高まっています。あるいは部門や専門性を超えた形で、例えばクロス・ファンクショナルでメンバーが構成されることも多くなっています。さらにはメンバーの対面性が、遠隔勤務などのために確保できないことも起きています。

③時間的特性

二つの面で変わってきています。ひとつはチームの存続期間が時限的になってきていることです。チームの存続が保証されているわけではないことから、チームの存立基盤がかなり弱まっているとみなくてはなりません。

もうひとつは成果を急ぐことから、タイムプレッシャーが大きくなっています。

④リーダーの権限について

その他の条件がかなり大きく変わる中で、リーダーの権限はほとんど強められていません。むしろ逆に、後であらためて取り上げますが、組織階層のフラット化などによって、リーダーの地位に基づく権限や影響力は総体として弱まっているとみるほうがあたっているでしょう。またいささか憂鬱なことに、急速な技術変化のゆえに、メンバーの技術力がリーダーのそれを凌駕していることも少なくありません。リーダーの垂範が難しくなっています。人事評価で影響を及ぼせる範囲が限られてきていますし、成果主義の運用もあって、昇進やポストでの面倒見も難しくなっています。

⑤外部環境との関係性

周囲とのかかわりも、周囲からの影響も、とても強くなっています。外部環境を視野に入れない発想や活動は、今日、成果に結びつかないことは、もう常識です。

また、チームとして探索と実験による学習が不可欠であるということは、有用な情報、知識、あるいは経験の多くが、外部にあることを意味します。それらを感知し、チーム内部に取り入れ、皆で練り上げ、具体的な活動に反映させていかなければなりません。

さらに今日では、チーム内に閉じこもることなく、自チームのPRに心がけ、他部署や他組織との協力的なリンケージを構築していかなくてはなりません。

3　今までどおりの「リーダーシップ」でいいのか？

(1)　新たに求められているリーダーシップ

本書の読者は、これから管理職やリーダーを目指す人、あるいは現在、その任にある人です。本書のねらいは、そういう人たちに、リーダーシップを通して、チームマネジメントをどのように実践すればよいかを、その根拠とともに提供することです。

すでに前で、チームの内部環境も外部環境も大きく動いていること、それとともにチームの課題やメンバーの特性がかつてと違ってきており、多様さを増していることを確認しました。

これらのことからして、直観的に、管理者やリーダーの基本スタンスと、発揮すべきリーダーシップも、従前とは違うと考えなければなりません。確かにそのとおりで、新しい発想を持ち、その上で変化する状況に対応できなくてはいけません。

そのために必要とされることを具体的に列挙すれば、次のようになるでしょう。

・自分の役割を再定義する
・チームの課題を見極める
・自分の「基軸」を整理し、文章化する
・自分とメンバーの意識化と自覚化を促進させる
・リーダーシップをメンバーと分有する
・動機づけ方略を他律型から自律型にシフトさせる
・メンバーのコンピテンシー（業績直結能力）の学習を促進させる

これらについては、後続の章でくわしく述べていきます。

(2) リーダーシップの再定義

本書では、リーダーシップを「組織やチームが自らの持つ課題や目標を実現するうえで必要としている働きかけを行うこと」と定義します。

これは、リーダーシップを「チームが求める機能としてとらえる」ものです。言い換えると、リーダーシップを、管理職やリーダーの地位に就いている個人の働きかけだけに限定しない考え方です。これによると、管理職やリーダーの地位に就いていないメンバーも、リーダーシップを発揮することになります。

この定義によって、リーダーシップの分有も無理なく議論することができます。さきにみたように、チームがフラット化し、時間的な制約を抱え、さらには探索的学習を続けなければならないなどの今日のチーム状況を考慮すると、リーダーがメンバーに一方的に指示を出し、しゃにむに動かすようなリーダーシップは現実的ではなくなっています。

万一の誤解を防ぐために申し添えますが、リーダーは働きかけや介入を遠慮して、特に何もせずにメンバーに任せきりにすべきことを説いているわけではありません。自らの責任と役割を自覚し、目標と課題を意識しながら「基軸」を作り、チームの活動に責任を持ってあたることはいうまでもありません。

また、この広義のとらえ方は、リーダーシップを「管理職に就いている個人の働きかけ」としてとらえる定義と、いささかも矛盾しません。リーダー個人の働きかけも、大きくみれば、「チームが必要としていること」に向けた働きかけのひとつにほかならないからです。

(3)　なぜ「チームマネジメント」なのか

ここまでチームの特性とその変化について、またリーダーシップの定義について述べてきました。読者の中には、本書の書名はチームリーダーシップのほうがふさわしいのではないかと思われた方もあるかもしれません。

筆者は、リーダーシップとマネジメントとをほとんど互換的なものであると考えています。いずれも組織やチームの抱えている課題を適切に成し遂げる働きかけのことであり、両者を区別することにとりたてて積極的な意義を感じていません。ですから、チームリーダーシップとしてもよいのですが、ここではあえてチームマネジメントとしました。以下にその理由を述べておきます。

①リーダーシップとマネジメントに対する思い込み

ここ数年、わが国においてリーダーシップとマネジメントの対比が流行していました。これは米国のハーバードビジネススクールのコッター教授が行った議論が端緒になっています[3]。環境変化が著しいこれからは、ビジョンの提示や変革の積極的推進（これをリーダーシップと呼んだ）が不可欠であることを強調し、秩序づくりや安定性の確保（これをマネジメントと呼んだ）だけでは十分ではないことを説いたのです。

組織にとってビジョン提示や経営戦略の策定はとても重要です。そしてこれらはより高職位の個人に強く求められます。かつとても聞こえがよい。こうしてコッター教授のいうリーダーシップは是となり、そのあおりでコッター教授のいうマネジメントは否、価値が低いという誤解と思い込みが、いつのまにか定着してしまいました。これは一種の偏見とさえいえると思います。

コッター教授の述べるとおりにリーダーシップとマネジメントを理解するとしても、組織にはいずれもかけがえのない不可欠の働きかけです。

実は、十数年位前までのわが国では、両者の定義はまったく逆でした。マネジメントといえば経営層の働きかけ、リーダーシップといえば現場管理者層のそれを意味していました。マネジメントに、組織の未来を描くことが含まれていました。それが、いつのまにか正反対のイメージが持たれるようになったのです。

②総合性と持続性の重要さ

現実のチームの活動を考えますと、総合性と持続性が大切です。それにはマネジメントがふさわしいと考えました。

リーダーは的確な判断と選択を行い、ビジョン提示と方向づけをし、チームに創造的な着想を注入します。しかしこれだけで、所期の成果を得ることはむずかしい。

それらにとどまることなく、多様な人間関係も考え、メンバーを根気よく動機づけし、必要な学習を促進させて能力をつけさせ、チーム力を押し上げることを満たさなければなりません。これがしっかりと果たされることで成果は確実に生まれます。

このような総合性と持続性、あるいは継続性の大切さを見失わないようにするために、チームマネジメントを使うことにしました。

［II］

成果をあげるための準備

リーダーになった人は張り切っています。
その一方で心配も抱えています。

●リーダーに指名された。
リーダーとしての基本的な心構えと着眼点を知りたい。

●私は専門職タイプで技術には自信がある。でもメンバーを率いるなんて考えたこともなかった。
どんな準備が必要なのか。

●前のチームでは苦労した。心機一転、今度はうまくやりたい。
そのための勘どころは?

この章は、これらの質問と関連して、成果をあげるための準備について考えます。

図2-1　チームの成果をあげるための心構えと準備

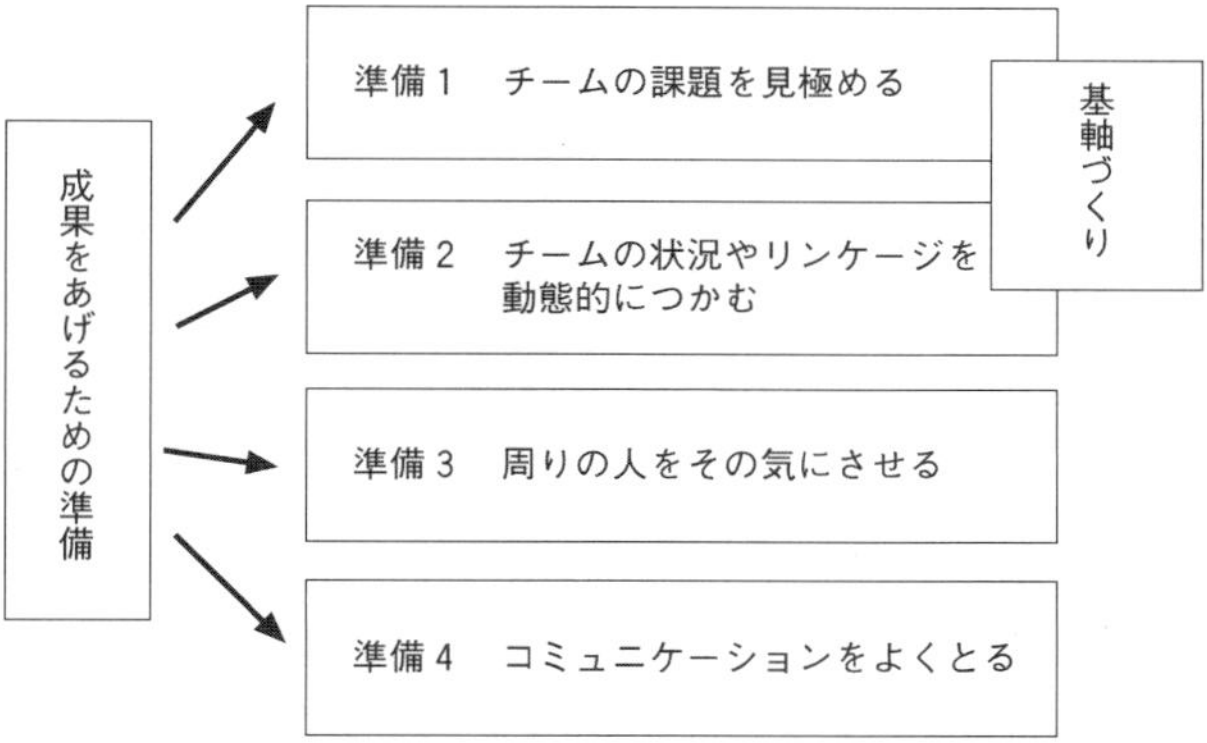

あなたはリーダーに選ばれました。あなたの社内資格や人柄とともに、これまでの経験、実績、確実なスキルが高く評価されたことは間違いありません。実力があるのです。

しかし、あなたに寄せられている期待は、ひとり黙々とそれらの力を発揮することではありません。チームの課題や目標を、メンバーとともに確実に達成するための働きかけをすること、つまりチームマネジメントをしっかりすることです。

この章では、チームの成果をあげるために、リーダーとしてどのような心構えを持ち、どのような準備をすればよいかについて、その根拠を示して整理します。

Ⅰ章で示したように、チームを構成するものは、課題（タスク）、メンバー、リーダーの三つと、それらが置かれている外的な環境でした。またリーダーシップとは「組織やチームが自らの持つ課題や目標を実現するうえで必要としている働きかけを行うこと」でした。

これらを理解するだけでも、必要とされる準備の柱が浮かび上がってきます。具体的には、図2－1に示したとおり、次の四つです。これらはチームマネジメントの基本です。

- チームの課題を見極めること
- チームの状況やリンケージを動態的につかむこと
- 周りの人をその気にさせること
- コミュニケーションをよくとること

以下で、これら四つについてくわしくみていきましょう。

1 チームの課題を見極める——基軸づくりのスタート

リーダーがなすべき準備の第一は、チームの課題（タスク）を見極めることです。これは、リーダーとして明確な「基軸」を持つことにほかなりません。

(1) リーダーが先にいるのではなく、果たすべき課題（タスク）が先にある

リーダーとしてどのような準備をすればよいのかは、決して自明ではありません。しかしながら、二つの原理、すなわち、

• リーダーが先にいるのではない。チーム、そしてそれが果たさなければならない課題（タスク）が先にある

• リーダーは、その課題を成し遂げるための中心人物として、チームにいる

ことを意識すると、とてもよくみえてきます。

①変化している状況や課題の把握

まずはチームが置かれている状況とチームの課題をよく把握し、それを具体的に文章にして明文化することです。それによりチームとして取り組むことがはっきりします。取り組むべきことが決まれば、やることも決めやすくなります。

チームの課題の特性は前章の表1－1に示しましたが、外部環境の変動によって、大きく変わってきています。単に過去の延長ではなくなりました。

課題の特性が安定しているときは、その取り組み方（how）さえ考えていればよかったのです。一九九〇年代半ばまでのわが国の組織ではそうでした。「改善」で大方のことに対処でき

ましたから、ねばり強い継続とがんばりさえあれば、右肩上がりの成果が得られました。

しかし今日、状況は一変しています。無反省に旧来の課題を継続しているだけでは、どんなにがんばってもジリ貧を余儀なくされるようになりました。かといって、新たにどのようなことに取り組めばよいかは定かではありません。

また、課題の方向性や内容を考えることに加えて、課題にたずさわる人の数や質、そして許されている時間の長さについても、しっかりと見積もりをしなければなりません。

②何に、なぜ取り組むのかの明確化

これらの曖昧さの中で、リーダーは、説得力のある理由や根拠（why）を添えて、チームとして何に取り組むか（what）、すなわちチームの課題（タスク）を、責任を持って判断し、選択しなければなりません。この判断や選択に先立つ情報の収集や分析、あるいは選択肢の探索にかかわる議論や検討は、メンバーもうまく巻き込んで進めていきます。そうすることによって、チーム全体の認識の共有も図れて今後につながるなど、一石二鳥の効果を持っています。

(2) リーダーとしての基軸づくり

リーダーは、何かにつけて迷い、不安になります。そして悩みます。しかし、この迷い、不安、悩みは、あらゆるリーダーに共通することです。ですから、時折このような状態に陥るからといって、自分をして「だめなリーダー」とか、「リーダーとして適性がない」などと思い込む必要はまったくありません。

優れたリーダーとそうでないリーダーは、迷ったり、悩んだりするところまでは何ら違いがありません。しかし、その後がまったく違います。優れたリーダーは、迷ったり悩んだりしても、あらためて自分の「リーダーとしての基軸」に立ち戻り、それによって気持ちや考え方を整理し直して、次の判断と選択をして行動を起こします。

他方、だめなリーダーは、それができません。その理由は「基軸」を持ち合わせていないからです。「基軸」はリーダーにとってかけがえのないものです。

基軸は二つの柱で成り立っています。ひとつは、部署やチームの持つ目標や課題です。もうひとつは、自分の志や信念、価値観、思いなどです。前者はパブリックですし、後者はパーソナルです。

チームの課題を見極める作業は、その基軸づくりのスタートであり、またゴールでもあると考えてよいでしょう。

基軸づくりの手順は、次の七つです。[1]

①リーダーとして、なぜこのチームを任せられているかを自らに問い自覚すること。
②どのようなチームを目指すか、どのようなチームにしたいかをはっきりさせること。
③自社や部門の経営目標や経営課題を適切に把握し、それらと関連づけた自チームの重要課題について明文化すること。
④自チームの課題について、安定実現のための課題と、次の創造や変革のための課題とに峻別し、整理すること。これについても明文化する。
⑤実現すべき課題の優先順位づけをすること。優先順位をつけ、ひとつずつ確実に実現していくためである。
⑥各メンバーに、何を、どのくらい期待するかを整理しておくこと。
⑦トップ、他部門、他部署との連携や協力のとり方について整理すること。
これらのうち、⑥や⑦については、すぐ次に述べることと密接に関係しています。

2　チームの状況やリンケージを動態的につかむ――基軸の拡充

リーダーがなすべき準備の第二は、チーム内の状況やリンケージ（linkage）を、動態的につかむことです。ここで、リンケージとは、「チーム外の個人や組織との協力関係や連携」を意味します。「動態的に」とは、状況と時間的な変化を意識することを意味します。

リーダーになった時点で、またその後のチーム活動を続ける中でも、チーム内外の状況を的確に把握します。また組織内外とのリンケージにもしっかりと気を配ります。これらはリーダーによるチームビルディングのための基本です。

(1) リーダーになった時点で①――チーム内状況の把握

まずは、チーム内のことについて、基本的なことを三つ列挙します。

①メンバーと面談をする――強みや不足の把握

第一に、チーム内のメンバー一人ひとりについてよく理解します。これには、じかに接触する機会を持つことが一番です。面談の時間を設定し、丁寧に問いかけ、誠実に心を込めて意見や希望を聞き、前向きの関係を作ります。もちろん他方で、自分の考え方や基軸、そして各メンバーに寄せる期待も伝えます。

また可能な限りの時間を活用し、関心を持って自チームを観察します。それによって個々のメンバーおよびチーム全体の強みや不足を掌握します。

②会合を持つ――メンバー間の意識と課題の共有化

第二に、メンバー間で、チームに対する認識を揃え、チームの課題（タスク）をしっかりと共有させせます。これにはメンバーが顔を突き合わせる会合を開くことや、仕事のうえでの重なりを作ることが役立ちます。

認識と課題の共有は、チームが異なる専門分野のメンバーによって作られているときほど必要です。各人は専門的には有能でも、チームメンバーとしては稚拙であったりします。また、それぞれが固有の技術言語を使い続けたり、違った仕事スタイルや好みを持っていたりします。そのために、互いに融合し一体化するのが難しいのです。

また、異なる系統出身のメンバーでチームが作られているとき、すなわちクロス・ファンクショナルな構成のときほど、メンバー相互の発想や利害が異なります。そして、自系統のことには熱心でも、チーム全体のことには冷めていたりします。また原籍の部署への思いが吹っ切れていないこともあります。これらを解消するうえで、会合を持つことは有効です。

ただし顔を合わせる機会（会合）を設けさえすればよいわけではありません。招集される側は大きなコストを感じていますから、会合の開催頻度が過多になることは慎みます。論点や問題点について事前に整理をしておくなど、効率と効果を考えた開催と運営が必要です。

③自分の責任と権限を把握する

リーダーとして持っている権限についても確認しておきます。チームの目標や課題の方向性や内容の決定を任されている度合い、メンバーに対する評価権、メンバーの異動や任命権、さらには予算管理を行える権限などが含まれます。

経験的にいわれていることですが、これらの権限の幅は、現実にはリーダーの持っていき方によっては、広がったり、狭くなったりします。必要以上に狭く自己規制することはありません。これらを新たに広げ、自由度を確保する方向で臨みたいものです。

(2)　リーダーになった時点で②――チーム外への目配り

チームを担当することになったらチーム外とのリンケージ、すなわち連携や関係づくりにも関心を持ちます。これはリーダーになる前と比べて、大きく違うことのひとつです。

①リンケージづくり

自チームの外に気を配り、チームの活動と関係する個人や部署と適切なリンケージを持つようにします。このリンケージがチームの成果を左右するといっても過言ではありません。ですから、チームを受け継いだ場合には、前任者とのリンケージの引き継ぎは、おろそかにはできません。

また、今日、チームが新規の課題に取り組んだり、革新的かつ発展的に仕事をしたりしますが、これは新しいリンケージを設定することなしには実現しません。リーダーになったら、人見知りしない社交性、ものおじしない積極性を身につけます。

リンケージ先としては、組織内の個人、他部門や他部署、関係会社、納入先や仕入先、顧客、あるいは官公庁などがあります。

②メンバーによるリンケージづくりの支援

メンバーにとってもリンケージづくりは大切です。リーダーとして、それを積極的に支援します。これは、期せずして、いくつもの副次効果を生み出します。メンバーのやる気は高まり、成長します。メンバーの業績も上がります。メンバーとの関係は良好になります。そしてそれらの結実として、チームの成果が高まります。この支援には、リーダーの持つ人脈や顔の広さが役立ちます。

(3) チーム活動の進行中①――チームの活動度チェック

チームを担当してからある程度時間が経過したところで、チーム活動の様子を把握します。

そのためにチーム全体の活動度のチェックをします。そのポイントは次の七つです。
- 高質や高水準を意識し、自由で闊達な意見交換がなされているか
- 従前の継続にとどまらず、革新的な創造や改善、工夫がなされているか
- チーム内でレベル3のチームワーク（創発的協力）による企画や開発が進んでいるか
- チーム内で助言や支援が十分になされているか
- チーム内外のリンケージが整い、それをもとにして成果物が生まれているか
- 効果的なチーム活動のために、物的・人的な事柄について維持管理がなされているか
- 必要とされる新チームの編成やチームの再編がスムーズになされているか

なお、チーム活動の動態的な把握に関連しては、本書のⅢ～Ⅴ章でよりくわしく述べます。

(4) チーム活動の進行中②――チーム外とのリンケージの補強、変更、新設

リンケージの大切さはさきに述べました。チーム活動を進めていくと、チーム活動を始める段階では考えてもみなかった事態がチーム内外で発生することは希ではありません。これに応じて、リンケージの補強や変更、あるいは新設を心がけます。

例えば、チームの課題を設定したとしても、それが新規性を持つ場合などは、それへの取り

組みは手探りで始めることになります。チーム全体で、曖昧で不確かな部分について知恵をこらして考え、解きほぐす中で、必要とされる新たなリンケージが浮かび上がります。

またチーム活動は、多くの場合、情報も、経験も、技術や人材も、そして資金も、足りない中で行います。これらの不足するものを自らのチームでカバーできないとすれば、それは外部に適切なリンケージを作り、そこに協力と助けを求めて乗り切らざるを得ません。

このことは、メンバーによるリンケージについても同様です。その見直しや新設についても、メンバーに進んで助言や支援を行

COFFEE BREAK

優れたリーダーの条件

管理者の方々に、優れたリーダーであるための条件を挙げてくださいと頼むと、たちどころにたくさん集まります。視野の広さ、部下の信頼、情熱、行動力、先見性、統率力、論理性、繊細さ、思いやり、忍耐力、根気、人間性、志、あるいは専門知識などなどです。さらには体力、声の大きさ、運なども出てくるかもしれません。

また、ある会社の若いリーダーの方は「私の尊敬する取引先の社長さんは、管理者とは（信念＋意志）×熱意がすべてだといっておられた。私もこの頃はそう思うようになった」と言い張っておられました。

しかしこれらそれぞれの特性や、特性の組み合わせからは、「リーダーとしてどうあるべきか」はみえてきますが、「リーダーとして何をすべきか」は浮かんできません。

今日必要とされていることは、「何に取り組むか（目標と課題）」「それは何故なのか（根拠）」をはっきりさせることです。その課題に向かううえで、前記のいろいろな特性が折に触れ必要になると考えるべきです。

います。

3　周りの人をその気にさせる

リーダーが持つべき心構えの第三は、周りの人をその気にさせることです。

「リーダーが先にいるのではない。チームと果たすべき課題が先にある」というところから、課題を見極めることを第一の心構えとして挙げました。

いうまでもないことですが、その課題の実現は、周りの人をその気にさせることができなければかないません。これはごく当たり前のことですが、これに気づいていないリーダーも少なくはありません。第三の準備（周りの人をその気にさせること）は、これを意識したものです。

周りといえば、もちろんメンバーも入りますが、それだけではありません。他チームのリーダー、直属上司、経営幹部、組織外の関係者、あるいは顧客など、実に多様な人や部署が含まれます。こうして、すでに述べた第二の準備（チーム状況やリンケージを動態的につかむこと）の重要性もあらためて理解できると思います。

図2－2　チームの創造性や業績の源泉

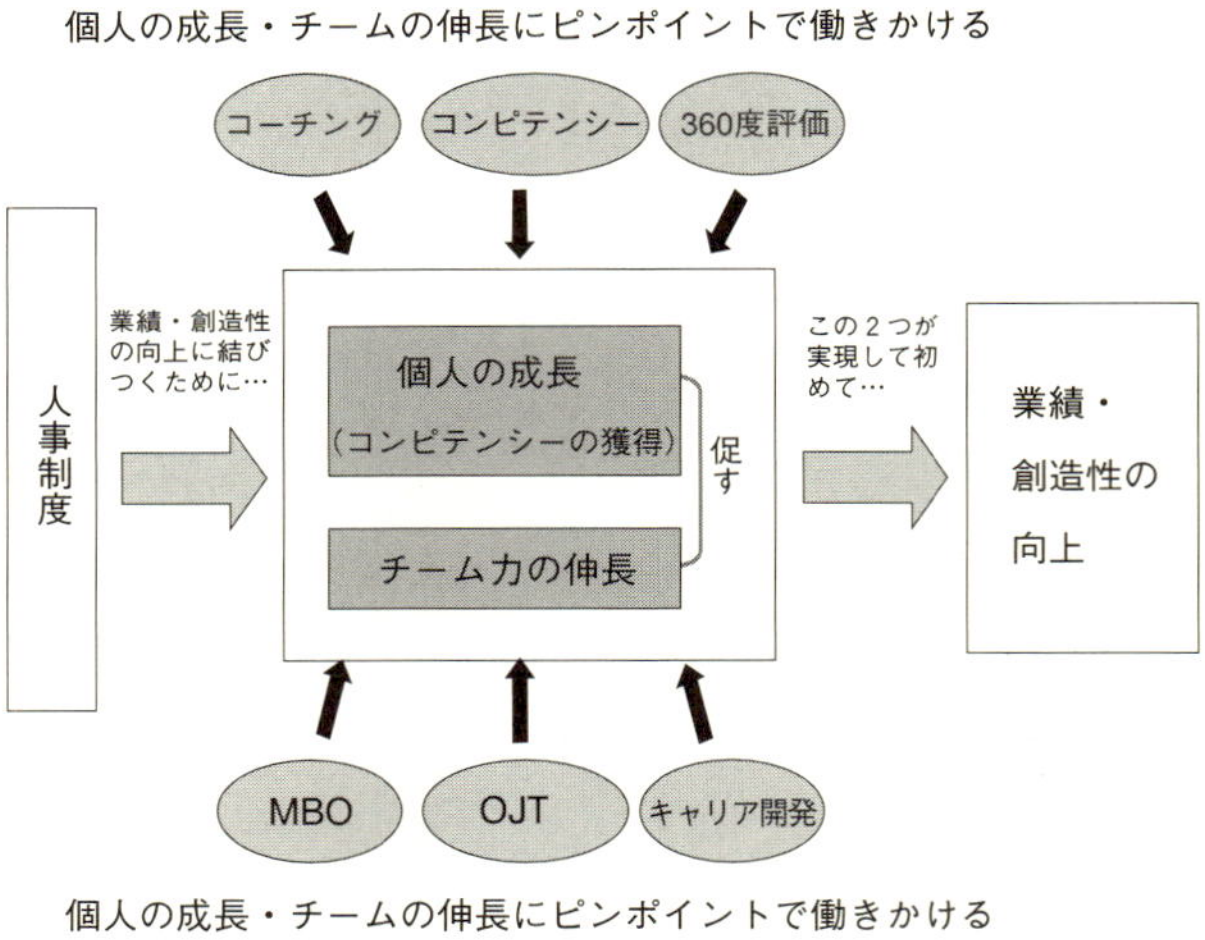

(1) 個人とチームの盛り上がりを図る

周りをその気にさせるためには、チームの盛り上がりを作り出す工夫が必要です。チームが創造性を持ち、着実な業績をあげるための必要にして十分な条件は、図2－2に示すように、個々のメンバーの成長と、チーム力の伸長の二つです。これはどのような組織においても共通する普遍的なことです。

すべてのリーダーが、チームの目標を実現し、高い創造性や業績を願望しています。しかしそれが現実になるには、個人の成長と、チーム力の伸長が不可欠です。この二つがなければ、どんなに高業績を願っても、それは無理です[3]。逆にこれらが実現されれば、間違いなく、創造性や成果はついてきます。

ここでは詳細な議論を割愛しますが、人事制度も、ＯＪＴも、種々の研修プログラムの受講も、個人の成長とチーム力の伸長のどこかにプラスのインパクトを与えることがあって初めて、創造性や業績にとって効果を持ち得ることになります。

①個人レベルの成長

個々のメンバーの成長を図ります。メンバーが、意欲を持ち、必要な知識やスキルを学習し、設定した課題に向けて行動を起こし、それを継続しなければなりません。

チームとして結果を出すまでに時間が限られていることから、メンバーの学習を悠長に待ってはいられないということで、有能なメンバーを選抜し、配置したとしても、その潜在的能力を確実に表に出してもらう必要があります。種々のことを知ってはいても、それを内に秘めたままで行動を起こさない限り、成果にはまったくつながらないからです。

メンバーには、行動ベースの業績直結能力であるコンピテンシーを獲得してもらわなければなりません。個人の成長は、リーダーからすれば、メンバーの育成の問題です。なお、このコンピテンシーと、その学習については、Ⅶ章でくわしく述べます。

②チームレベルの成長

同時に、チーム力を伸ばす必要があります。これは自チームの目標や課題の達成が、個々のメンバーの単独活動ではなく、メンバー相互の連携と協力によらなければならないときは特に必要です。

Ⅰ章で述べたように、今日、レベル3のチームワークが強く求められています。すなわちメンバーが、互いに知的刺激をもって交流し、新規の発想と創造的知識を生み出し、それによって独創的な企画や競争力を持つサービスや製品の開発につなげていけるチームワークが必要とされています。

これが自チームにあてはまるかどうかは、さきに示したチーム活動度についての七つのチェックポイントをもとに確認できます。自チームが不十分な状態にあることが判明したら、介入とてこ入れが必要です。

(2) メンバーの自律的意欲を引き出す

周りの人がその気になってくれたとして、それが〝自ら進んで〟の状態であるのが望ましいことはいうまでもありません。

人の意欲は、そのきっかけに注目しますと、本人の主体性や内発性に裏打ちされた自律的意欲と、ほかからの働きかけや外からの力が加えられて生まれる他律的意欲に分けることができます。それぞれの特徴と源泉については、Ⅵ章でくわしく検討しますので、ここでは基本的なことの確認にとどめます。

①組織では他律的意欲づけとみられやすい

組織においては、メンバーの活動が外的なきっかけ、例えば他者からの指示、注文、要請などによって始まることがむしろ多いといえます。個人を尊重し、主体性を重んじるといっても、やはり個人の好き勝手で仕事をすることは許されてはいません。最小限、組織やチームのミッションや目標とのすり合わせ、チームの課題との折り合いづけが求められることは、組織人の常識です。

また、環境変化が激しい今日では、組織内のことを見直し、変革する頻度が多くなりました。これらの見直しや変革は、従来の発想や仕事の進め方の大幅な変更や切り捨てをもたらすことにつながり、メンバーには、少なくとも当初は、ほかからの押しつけや強制として受け取られやすいものです。

あるいは、多くの組織で実施されている目標管理（Management By Objectives）も、その基本的精神は自律的意欲づけであるにもかかわらず、それに対する理解不足と運用のまずさがあると、強制や監視など、強い他律的意欲づけとして誤解されてしまうことも少なくありません。

②自律的意欲に変換させる

他律的意欲で終始するのでは、やはり意欲の水準は低く、長続きしません。また着想や創造性も低い水準で終わってしまいます。[4]

したがって、他律をどのように自律に持っていくかについて、リーダーは知恵を絞る必要があります。これについてもⅥ章で取り上げます。

(3) リンケージ相手の意欲づけ

チームの業績を左右するリンケージの重要さについては、すでに述べました。しかし、個人や部署などに連携と協力を求めたとしても、首尾よくいくとは限りません。相手のあることです。自チームの実力が、相手からしっかりと問われます。

一方的な依頼だけではリンケージは実を結びません。また懇願だけになっていては、先方から足下をみられてしまいます。

自チームのビジョンや目標を明快に説き、取り組んでいる課題の進捗状況をまとめ、自チームの強みをしっかりと伝達することが必要でしょう。また、先方に対しては、これからリンケージを組むことで、卓越性と競争力とを備えた企画やサービス、あるいは技術や製品が生み出される確実な見込みを理解させ、強い期待を寄せてもらうプレゼンテーションが必要になります。

また、お客様起点や顧客第一主義の取り組みも、顧客とのリンケージづくりとして理解できます。そしてこれは、先方（顧客やユーザー）の潜在的要望を取り込み、優れたものに仕立て上げ、再び先方に提案できることでのみ成り立ちます。

4　コミュニケーションをよくとる

リーダーに必要な心構えの第四は、コミュニケーションをよくとることです。

組織内のあらゆる活動はコミュニケーションで成り立っています。そのためにコミュニケーションの大切さは広く知られています。しかしそれを知っていることが、いつのまにか〝自分はコミュニケーションが上手い〟との思い違いになりがちなので注意したいものです。

(1) コミュニケーションはコスト

コミュニケーションは、必ず手間や時間、労力や根気を必要とします。人の話をよく聴くことは、相当のエネルギーを消費します。もちろん、自分の考えやアイディアをよく整理して他者に伝えることも同様です。

その意味で、コミュニケーションはコストを伴う活動です。コミュニケーションをよくするということは、コストをかけることを自らしっかり覚悟し、いとわないことを意味します。この覚悟なしに、コミュニケーションが上手くとれるはずはありません。

会議は、どこの組織でも頻繁に開かれています。しかしその割には、誰からも嫌がられています。なぜなのでしょうか。

会議は、各種のコミュニケーションが凝縮されたものですから、実はコストの固まりです。メンバーにとって、払うコストに見合うものが得られないことから、嫌われるのです。本章ですでに述べましたが、チーム内での会合はチームづくりの基本ですが、元のとれるものに仕立て上げないと、メンバーは不満をつのらせていきます。

(2) 情緒的コミュニケーションと課題的コミュニケーション

ここでは、コミュニケーションを情緒的コミュニケーションと課題的コミュニケーションに分けることにします。現実のチーム活動では、両者は密接に関連していますが、リーダーはこれを適切に使い分けます。

①情緒的コミュニケーション

チームビルディングやメンバーとの関係づくりに役立ちます。日常的には挨拶、激励、感謝、褒める、喜びの伝達などポジティブなもの、逆に注意や叱責などネガティブなものがあります。適時、的確に用います。

これと関連して、メンバーのアイディアや意見の引き出しには、ざっくばらんな雰囲気づくりが役立ちます。批判を差し控えるように申し合わせたブレイン・ストーミング、ワイガヤ(Y-gaya)、おしゃべりミーティングなど、種々の名前がつけられた会合は、気安さが強調されることから、とても乗りやすく、議論を楽しむことができます。

このタイプの会合や議論は「拡散的思考」を促進させます。この種の思考は、思いつきが幅をきかせます。そして考えや議論がどんどん広がるタイプのものです。論理性は問われません。ですから、時間が気にならない限り誰もが好みます。

雑談や飲み屋さんでの話は、まさにこのタイプです。疲れも感じません。とても盛り上がった印象を持ちます。しかし、まとまったものにはなっていません。

②課題的コミュニケーション

チームの課題の明確化やリンケージとの関係づくりに役立ちます。日常的には質問、確認、指摘、指示、具体化、文章化、あるいは説明などです。仕事について分析的に考え、提案や行動計画を練り上げ、説得力を持たせるために不可欠です。理性に傾いたコミュニケーションといえます。

さきに述べた拡散的思考によって出た意見やアイディアを何らかの形で生かしていくとすれば、「収束的思考」が必要になります。つまりそれらを論理的に構造化し、文章化や図解をすることが不可欠です。端的にいえば、説得力ある資料づくりです。

これをメンバーに求める場合と、リーダーが行う場合とがあります。これなしには会議にもかけられませんし、他部署やリンケージ相手、顧客や取引先に提案できません。

また目標や計画を作る際にも、この収束的思考が必要です。意図的に、戦略的に構造化してまとめていきます。

［Ⅲ］

チームの課題を把握する

大切なことは、「何に取り組むか」と「その根拠づけ」です。

●リーダーになってから一生懸命やっている。

でも結果が出なくて……。

●どこに行っても実績をあげる人がいるが、何が違うのか。

●自分のチームの課題と方向性を見極められる方法を知りたい。

この章では、これらの質問に関係する重要なポイントを考えます。

1　今、自チームが目指すべきことは何か

Ⅱ章で、リーダーとして成果をあげるための準備の第一は「チームの課題を見極めること」であると説明しました。それは、リーダーが先にいるのではなく、チームとそれが抱える課題が先にあるためでした。

この章では、自分のチームが取り組むべき課題を明らかにします。

(1)　チームは一様ではない

リーダーのあずかるチームは一様ではありません。Ⅰ章において、チームを構成するものとして、課題（タスク）、リーダー、メンバーの内部環境とともに、外部環境を挙げました。これらは、確かにチームごとに違っています。

①外部環境

チームを取り巻く環境が違っています。外的動向もいろいろです。環境変化が短サイクルで激しく動く業種もあれば、比較的緩やかなところもあります。技術革新が頻繁な業種とそうで

ないところもあります。その意味で、追い風のときもあれば、逆風のときもあります。また関係する他部門や他部署の状況も刻々と変わります。

②メンバー

メンバーもそれぞれ違っています。個性や価値観、専門性や経験、年齢や勤続年数、あるいは雇用上の身分などの点で異なっています。また、チーム内のメンバー数も違います。またチームの構成も違っています。社内のクロス・ファンクショナルであったり、他組織やグループ会社からのメンバーが混じっていたりします。

そして顔を合わせる機会の頻度でも違いがあったりします。今や、メンバーの交流はネット上がほとんどという場合も希ではありません。

③リーダー

リーダー自身もさまざまです。ベテランもいれば新人もいます。男性もいれば女性もいます。性格特性もいろいろで、外向性や忍耐力、器用さや社交性など一人として同じ人はいません。リーダーは、それなりの自信はあっても、たえず〝自分は適任なのか〟という懸念や悩みを抱えているものです。

④課　題

これも、チームそれぞれで違っています。リーダーはチームが一様ではないことをよく認識しながら適切な対応をするわけですが、何に最も気を使うべきであるかといえば、外的環境でも、メンバーでも、またリーダーとしての自分でもありません。

それはチームによる課題の違いです。これがすべての基礎です。自チームの課題を適切に認識することからスタートします。

(2) 課題の把握こそが優れたリーダーへのスタート

リーダーの中には、どういうチームをあずかっても、例えばそれが経験したことのない業務を行うチームであっても、確実に成果をあげる人がいます。一方で、率いるチームが変わったら成果をあげられなくなる人がいます。

うまくいかないリーダーは、次のいずれかにあてはまります。

第一は、チームの目標や課題を明確にすることの重要さを理解していない人です。そのために自チームの課題を整理していません。基軸がない状態なのです。ですから、メンバーにも、上司にも、また関係する部署にもそれを明示できません。その結果、チームとしてのベクトルを欠くことからメンバーの力を結集できません。したがって、チーム活動は成果に結びつきません。これは比較的多くみられるケースです。

第二は、目標や課題を把握しようと努力はしていますが、組織内外の動向についての勉強が不足していたり、上司や周囲との意見交換が十分でなく、設定する目標や課題の内容や方向性が適当でない人です。リーダーとしての基軸が的確でない状態です。

チームの目指すべき方向がずれているために、チーム活動は適切さを欠きます。成果もあがらず、周囲を満足させ、納得させるものにはなりません。このケースも多くみられます。

環境動向も、メンバーも、また自分の経験や適性も心配の種ですが、リーダーは、自チームの課題をしっかり認識することを最優先すべきです。課題の把握さえしっかりすれば、その他の多様さや不安は、先述したリンケージからのサポートなどを得て、何とか克服できるものです。

どのような課題を設定するかは、メンバーや上司と議論し、リンケージの関係者の話もよく聞き、もちろん自分でも大いに勉強して考えます。そしてそれをメンバーに明示し、共有します。ですから大きく方向を見失うことはありません。

また専門外のために知識や経験が足りないとしても、決して焦ってはいけません。自分でも勉強しますが、不足している点は、チーム内外と効果的なリンケージを作り上げます。そしてそれからの協力や支援を得て、チームを調整し、動かすことで成果に結びつけます。

(3) 自チームの目標のチェック

自チームに求められている目標のチェックは、次のようにして段階的に進めます。

①組織の経営目標

まず、組織全体の経営目標や経営課題を押さえます。これらを唱えながら仕事をするわけではありませんが、組織内の発想や活動のベクトルを決める

COFFEE BREAK

リンケージで、自分の力を発揮しようと決めた管理者

私の知人Sさんは、大手の化学関連メーカーの優秀な研究技術者です。種々の領域の専門職11名を擁するプロジェクトチームのディレクター(リーダー)に指名されました。

初めての経験です。専門外のくわしくはわからないことについて報告を受け、議論しなければならない毎日で、ストレスはたまり、正直なところ悩みました。

しかしある日、ふとひらめいて自分の役割をとらえ直しました。チーム全体のゴールや課題については責任を負うものの、自分の基軸を少し修正して、必要以上に入っていた肩の力を抜き、これからは「メンバー間の調整」や「チーム内外のリンケージ作り」に専念しようと心に決め、実践しました。

チームの会合を開き、互いの発想やアイディアの交換に努めました。またチーム内の協力やマネジメントのあり方についてもメンバーに意見を求めました。こうしてチーム内で共通の理解とシステムを持つことにより、チーム活動はより円滑に進み、社内でも評判になるほどの成果をあげたということです。

Sさんが自分の役割について定義をし直したことが功を奏したわけです。

ものですから、節目節目で確認することは必須です。
しっかり認識できていますか。すらすら書くことができますか。

②部門の目標

次には、所属する部門や部署の目標や課題について押さえます。日頃から当事者意識を持って、部門や部署の動きには関心を払っておきます。そしてこれは目標管理において自チームの目標や課題に反映させるものですから、メンバーにも的確に伝えられるようによく理解し、咀嚼しておきます。

③自チームの目標

これらを踏まえたうえで、自チームが目指すべきこと、すなわち自チームに期待されている目標のイメージについてチェックします[1]。

以下に、AからDの四つの目標イメージを挙げています。大まかなものですが、「私のチームが優先的に目指すべきことに近い」と考えられるものはどれですか。それぞれを比較して、1から4の順位をつけ、その数字を（　）内に記入してください。

いずれも大切であることから、順位をつけるのは難しいと感じる方もおられると思いますが、自チームをよく思い浮かべながら、あえて順位をつけてください。

順位

（　　）Ａ　既存の知識や経験を温め、醸成し、次の展開に備えること
（　　）Ｂ　競争力のある新しいサービスや製品を創り出すこと
（　　）Ｃ　チャンス獲得のための積極的投資や拡張と、収益を確保すること
（　　）Ｄ　現行のサービスや製品の品質向上や、一層の効率化を進めること

優先順位一位はどれでしたか。

Ａが選ばれたとき　自チームの目標イメージは「醸成と準備」です。チームをアイディア創造の場に仕立て上げます。これまでの蓄積に加えて、新たな人材の採用などによって、チームをあげて能力の伸長を図り、独創的なアイディアを醸成できる素地づくりをします。そして新規の製品やサービスを創造し、チームや部門の成長につなげることを目指します。

Ｂが選ばれたとき　目標イメージは「新発想と創出」です。競争力のある新製品やサービスを創り出したり、新ビジネスモデルを生み出すことを目指します。これにはスピードが求められます。したがって、今後の技術動向や顧客動向についての的確な予測や読みが鍵を握ってい

ます。発想の転換や新たなリンケージづくりが決め手です。

Cが選ばれたとき　目標イメージは「拡張と収益」です。創造性を経済的価値に変換させることを目指します。ですから、リスクテイキングが伴いますが、大きなエネルギーを集中的に投じて、成果と収益をあげることを目指します。マーケットのチャンスをめざとく見つけて、スピード豊かな積極的投資とチーム活動の拡張を図ります。他とのリンケージや提携も積極的に進めます。

Dが選ばれたとき　目標イメージは「改善と改良」です。漸進的な創造性といってもよいと思いますが、現行のチーム活動をさらに安定させ、仕事システムについて、その部分の効率性を一段と向上させることによって、システム全体の効率化を目指します。同時に、関係する業務プロセスにおけるロス、あるいはエラーやミスを最小にすることで、製品やサービスの品質を高めます。

もちろん、これら四つの目標イメージに優劣があるわけではありません。相互に排他的でもありません。関連しています。状況が変化すれば目標の優先順位も変わります。

ここでは、自チームで最も優先すべき目標イメージを選んでもらいました。チームには先もあります。それ故にリーダーは少し先のことも考慮すべきですが、まずは今必要とされている目標を明確に自覚して、チームに働きかけます。

(4) 目標を踏まえた課題の設定

目標と対応させて、チームに求められる課題について少し具体例を示してみましょう。

①醸成と準備に対して

醸成ですから、チームビルディングをよりよく進め、知識の創造を目指します。

そのためには、メンバーの着実な能力開発を図る、メンバーの仕事へのコミットメントとモチベーションを高めさせる、激励とエンパワーメントによってメンバーの結束を高める、リンケージの見直しや新設をする、さらにはメンバーによる新たな仕事能力の習得を図る、などの課題が考えられます。

②新発想と創出に対して

新規のイノベーションを通して成長を生み出す必要があります。

そのためには、創造的な問題解決を心がけ、将来の成長可能性の予測とその追求、従来にない新しい製品やサービスの開発、従来の管理手法の抜本的な変更、あるいは新しいマーケット

（顧客）の発掘、などの課題が考えられます。

③拡張と収益に対して

顧客志向とチャンスを逃さないための素早い動きと、それを方向づける目標の明確化、そして各種の資源の意図的、戦略的な配分を目指します。

そのためには、スピーディな仕上げや納品、メンバーの確実な目標達成、製品のマネジメント、素早く動けるための能力育成、そしてもちろん毎期の収益達成などの課題が考えられます。

④改善と改良に対して

現行のサービスや製品についてエラーやミスの発生を防止し、最高の効率と効果を導き出すことを目指します。

そのためには、プロセス管理の徹底や、手順の見直しを始めとして、高質の製品やサービスの安定的提供、確実な予算およびコスト管理、仕事上のエラーやミスの低減、あるいは仕事の進め方やシステムの改善などの課題が考えられます。

リーダーは、自チームの目標と課題をより具体的に設定します。リーダーの頭の使いどころ、腕の見せどころといってもよいでしょう。ここで大切なことは、適切な目標や課題を、その根拠とともに明文化することです。構造化して、文書としてまとめるわけです。そうしておけば、いつでも周囲の関係者（上司、部下、他部署、リンケージ先など）に具体的に説明することができます。

2　目標や課題によって必要とされる人的要因は違う

適切な目標と課題を設定すれば終わりではありません。それはほんの始まりです。その目標や課題を実現するために、チームをあげて活動に取り組みます。

リーダーはその活動をマネジメントしなければなりません。その活動にたずさわるのは個々のメンバーです。したがって、リーダーは、チーム全体のこととともに、個々のメンバーにも関心を払う必要があります。

払うべき関心を大きくまとめますと、図3－1にも示すように、メンバーの「モチベーション」「能力（コンピテンシー）」、そして「チームワーク」です。[2]

(1) モチベーション要因

メンバーのモチベーション要因についていえば、特にメンバーの「チャレンジ志向」と「高水準の課題設定」に関心を持ちます。この二つは、積極性を表すものであり、どのような種類の目標や課題を目指す場合も基本的に必要です。

この積極性に関連して、広く誤解が持たれています。メンバーの積極性が必要とされることからの連想として、「メンバーに対して短期の評価で強いプレッシャーを与えること」「人員削減をにおわせて大きな危機感をあおること」「成果評価を厳しくして降格や減俸をちらつかせること」などが効果をあげるのではないかという勘違いが往々にしてあるようです。

これらはいずれもメンバーの覚醒と関係していますから、メンバーは確かに覚醒され、目を開くでしょう。ですから、やることが決まっている課題の短期決戦にはおそらく効果を発揮するでしょう。一時のがんばりがものをいうからです。

しかし覚醒は、何に向かうかの方向性（what）については何も示してくれません。ですから、やることが定まっていないとき、すなわちアイディアを温め、探索と実験を経ながら新規のものを考え出すという目標や課題の場合には、必ずしも効果が出ません。過度のプレッシャーは、逆に、個人をしてハードルを下げさせ、チャレンジする気持ちを失わせ、旧来の発

図３－１　チーム活動に必要とされる人的要因について

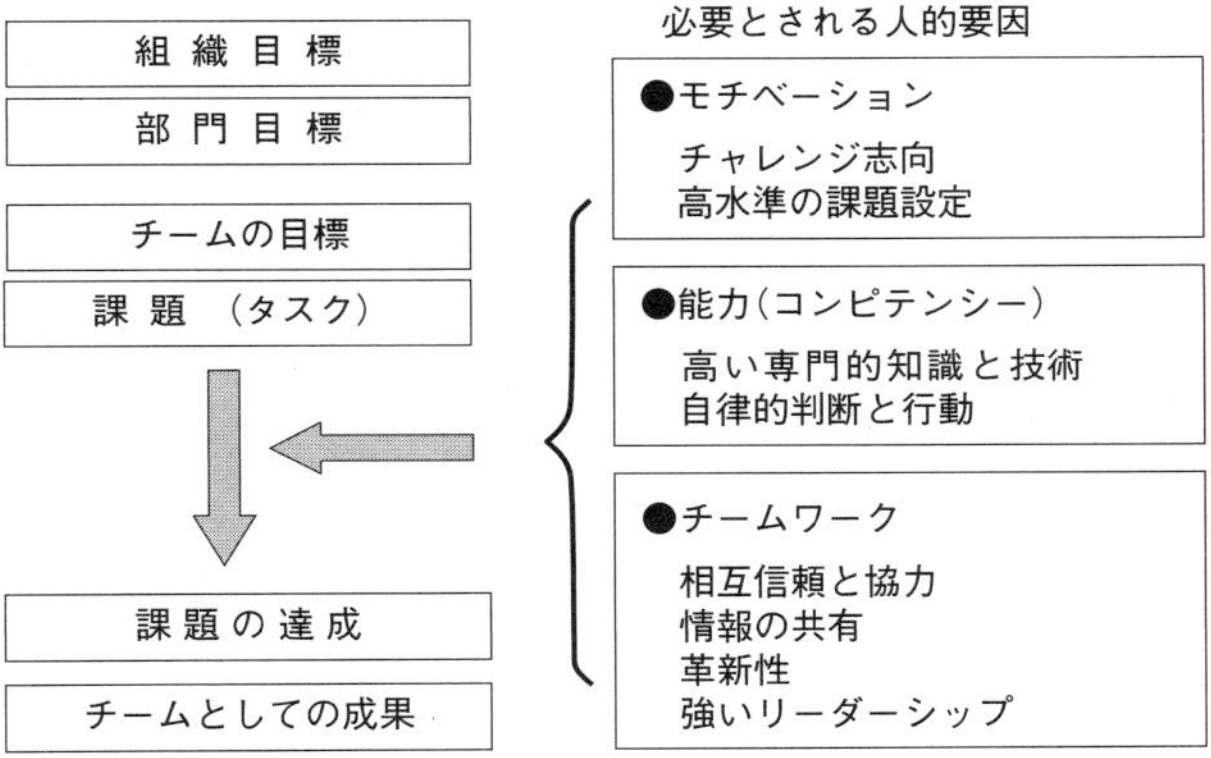

想や行動に固着させることも示されています[3]。

なお、このモチベーションについては、Ⅵ章で別の角度からくわしく考えます。

(2) 能力（コンピテンシー）要因

これについては特に、メンバーの「高い専門的知識と技術」と「自律的判断と行動」に関心を持ちます。いずれも高い能力を表しますから、どのような目標を目指す場合にも基本的には望まれるものです。

これらの能力は、チームにとって必要なものが十分なだけあればよいわけで、余分にも、過剰にも必要としません。リーダーに求められていることは、必要とされる能力の種類と量の判断です。また今日、メンバーは最少人数しか配置できない状況です。これらを踏まえて、リーダーは次の二つのことを考えます。

第一に、チームの目標達成に必要な能力（コンピテンシー）をはっきり意識します。

メンバーがそれまでの経験によって身につけている能力だけでは、チーム活動にとって十分であるとは限りません。メンバーの能力を目標達成に不足のないように再編成します。これは業績直結能力であるコンピテンシーの学習にかかわることです。

その一方で、チーム目標の達成にとって必ずしも必要でない能力、それほどの高さでなくてもすむ能力がないかを考えます。もしそのようなものがあれば、アウトソーシングに置き換えることもあり得るでしょう。

第二は、外部とのリンケージをよく検討します。

チーム目標の実現にとって必要とされる能力をチーム内では揃えられないことも想定しなければなりません。その場合は、外部の能力としてのリンケージに頼るほかはありません。リンケージづくりの大切さは、Ⅱ章で述べたとおりです。

(3) チームワーク要因

チームの状態をとらえるうえで、「相互信頼と協力」「情報の共有」「革新性」、そして「強いリーダーシップ」に関心を持ちます。これらも、常識的にはチーム活動にとって不可欠の状態

表3-1　チームの目標タイプと人的要因の必要度

必要とされる人的要因	チームの目標タイプ			
	醸成と準備	新発想と創出	拡張と収益	改善と改良
モチベーション				
チャレンジ志向	△	○	○	△
高水準の課題設定	△	△	○	△
能力（コンピテンシー）				
高い専門的知識と技術	○	○	△	△
自律的判断と行動	○	○	○	△
チームワーク				
相互信頼と協力	○	○	△	○
情報の共有	○	○	△	○
革新性	○	○	△	△
強いリーダーシップ	△	△	○	○

注）△は「ある程度必要」，○は「特に必要不可欠」

として理解されているものです。

このチームワーク要因の特徴は、「それがないと支障をきたす」ところにあります。メンバーの協同が不可欠な活動によってチーム成果が得られるときには、特にそのことがいえます。さきのモチベーションや能力が「それがあるとよい」ものであったこととは対照的です。

ただこの中で、リーダーがぐいぐい指示的に引っ張ることを意味する「強いリーダーシップ」については、少し用心が必要です。例えば、取り組む課題を新たにひねり出すことが期待されているようなチーム、言い換えますと探索的な学習を必須とするチームでは、目標の設定と活動のあり方を、メンバー

主導にしているチームほどメンバーの学習は促進され、よりよい成果も得られたりするからです。(4)

以上の議論を踏まえて、目標や課題のイメージごとに、これら三つの種類の人的要因それぞれが必要とされる度合いをまとめてみました。それは表3－1のとおりです。

3 効果的なリーダー行動も状況次第で変わる

リーダーシップとは、I章でみたように、「組織やチームが自らの持つ目標や課題を実現するうえで必要としている働きかけを行うこと」でした。

また本章では、自分のチームが取り組むべき目標と課題を明確に認識することの重要性をみてきました。これは、「リーダーが先にいるのではなく、チームとそれが抱えている課題が先にある」ためでした。

これらを踏まえて、自チームの目標や課題のイメージについて考えました。目標イメージは「醸成と準備」「新発想と創出」「拡張と収益」、そして「改善と改良」に分けることができました。

表3-2　各目標イメージにおける効果的なリーダー行動(例示)

	望まれるチーム状態	メンバーへの働きかけの例
醸成と準備	協同と友好的関係 価値やビジョンの共有 自省の尊重 メンバーが納得する葛藤の解決	よく聴く インフォーマルになる 他者優先の信頼関係づくり 周りに対して援助や支援をする アイディアについて自由な議論をする
新発想と創出	刺激的であること 柔軟であること 日常的拘束からの解放 相互の独立性 多様性	メンバーに乗り，熱意やビジョンを共有する 刺激を出す 新しいアイディアを持ち込む 細かいことにこだわりすぎない アイディアを行動に移すことを手助けする メンバーの達成を認める
拡張と収益	競争的であること 素早い動きと高いエネルギー 契約制 成果についての量的な評価	メンバーに仕事のオーナーになってもらう 仕事中心と成果主義 報酬の提示 リーダーが決定権を持つ 好き嫌いではなく，事実ベースで不一致に対応する
改善と改良	明瞭な目的、活動プロセス 明瞭な基準、安定性 明確な役割と責任 技術，ツール，データの重視	事実の簡潔明瞭な提示 厳密性とリスク低減を求める 詳細なデータを具体的に見せる 提案を求める 計画と進行予定，そのステップを示す

それぞれの目標のもとでは、どのようなチーム状態が望まれ、またメンバーに対してどのような働きかけが必要とされ、効果をあげるかについてまとめ、表3－2に例示しました。

［Ⅳ］

時間が経つとチームは変わる

チームは時間が経つと変わります。
それについて次の質問をよく受けます。
●この頃、かつての覇気が感じられない。
どうすれば活性化できるのか？
●メンバーがよく変わるので、チームとしての力が発揮できない。
メンバーはむしろ固定していたほうがよいのでは？
●ベテランや年長メンバーは変革に後ろ向き。意欲づけも難しい。
何とかしたい。
この章では、これらの問いに関連することを考えます。

1　チームの老化症状をチェックする

チームが作られてからの経過時間をもって、「集団年齢」と呼ぶことにします。チームメンバーの暦の年齢とは関係しません。この集団年齢が高まるとともに、メンバーの心理や行動、そしてチーム全体の様子が、かなり大きく変わります[1]。

(1)　メンバーにみられる変化

メンバーの心理や行動は、時間とともに変化します。

①ポジティブな面

時間の経過とともに、一般にはメンバーの習熟は進みます。取り組む仕事に必要な技術的、そして対人的な知識やスキルを学習することで、得意とする領域や専門性を身につけます。細かなことについての目配りや心配りにも長けてきます。したがって、慣れたことについては何事も手際よく確実に行えるようになります。

②ネガティブな面

見方を変えますと、逆の面でも変化は起こります。「自己防衛」の姿勢をみせ始めます。例えば、専門性の美名のもとに自分の役割や殻に閉じこもり、周りのことには興味を示さなくなります。周りをつつくこともしません。また既得利益の維持にこだわります。これらの結果として、メンバーの間に、自己保身的な言動が広がり、チームとしての向上意欲が衰退します。そのために、I章で述べたチームワークの中で、特にレベル2（役割外行動など）やレベル3（創発的なコラボレーション）が影を潜めます。

また「安定志向と変化忌避」の傾向を強め、現状肯定に傾きがちです。なにしろ何事も目をつぶってもできるほどになったのに、それを改めて一からやり直すとなれば、甚大な労力がかかります。ついつい、おっくうになる。それにも増して、自分の存在価値がくつがえされる心配もある。これは一般にはベテランメンバーにおいて目立ちます。

(2) チーム全体にみられる変化

チーム全体の様子も変わります。

①ポジティブな面

メンバー間で仕事についての申し合わせや合意が定着し、役割分担や手順も明瞭になり安定します。お互いの興味や関心も、得意とすることがわかりあえていますから、いわゆる目を見ればわかる、阿吽《あうん》の呼吸で事を運ぶなどがみられるようになり、一般的にはチーム活動の効率性は高まります。

②ネガティブな面

望ましくない現象も目につき始めます。チーム内に「関係の固定化」が起きます。そのためにメンバーが互いの関心（喜ぶことや嫌がること）に配慮しあい、事前に自己規制して、あたりさわりのないことでお茶を濁します。いきおい話題は新味を失い、議論も活発さや相互啓発性が消えてワンパターン化します。利害、縄張り、セクト、それに人脈なども固着します。

また、「判断の自動化」も目立つようになります。ほぼ何事についても申し合わせがなされ、前例や慣行が幅をきかせます。ですから、ほとんどすべての判断や決定、手順や行動の是非は、それらの先例や慣行に照らして判断されがちです。「前例通り」の理由でフリーパスになることさえあります。

このような判断や意思決定にみられる自動化は、意見のぶつかりや議論をしなくてすむために、チーム活動にかかるコストを最小のものにしてくれる利点を持つ反面で、次の成長や発展につながる有望な芽が伸びる機会を逸するリスクも併せ持っています。

(3) チーム活動の適切性をチェックし、発想や前提の妥当性を問い直す

このように、個々のメンバーやチーム全体にみられる時間の経過による変化は、安定性や効率の面でのメリットと、硬直や老化現象を引き起こさせるデメリットを抱えていることがわかります。

リーダーに期待されることは、そのようなメリットを生かし、デメリットの横行や定着を防ぐことです。これのために、リーダーは、「チーム活動の現状チェック」と、その活動のもとなっている「発想、前提、価値観のチェック」を行います。

①チーム活動の現状チェック

第一に、チーム活動の中身をよくチェックします。すでに常識になっていますが、チーム活動は、図4－1に示すように、「計画」(Plan)、「実行」(Do)、そして「評価」(See)のサイクルを回しながら進めます。その回し方の適切さが成果の良否を左右することもよく知られています。

図４－１　チーム活動の妥当性のチェック

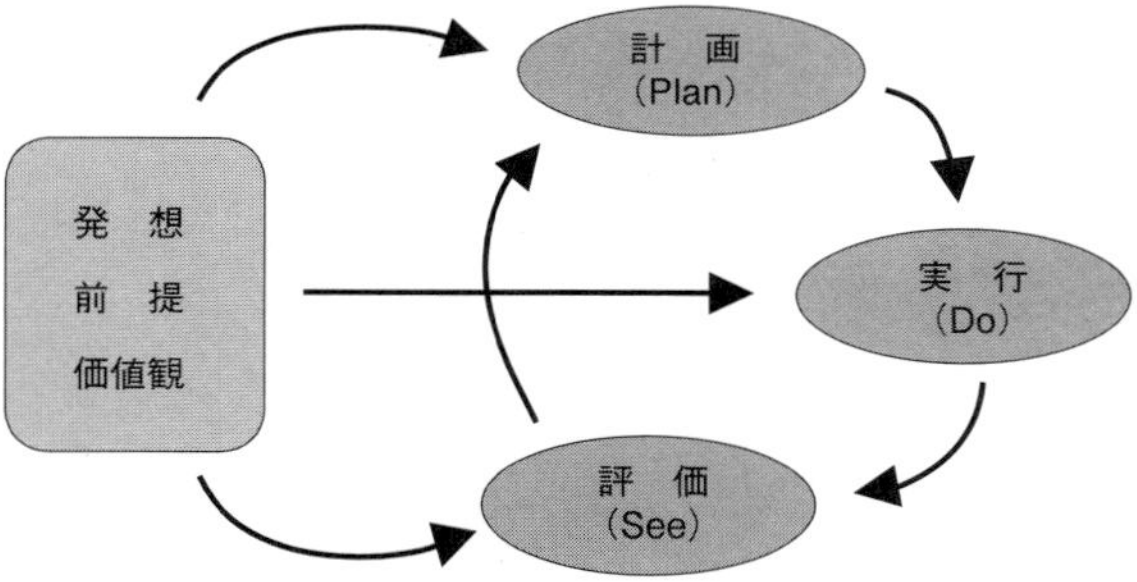

ところが、時間が経つと、これまでうまくやってきていたという慣れと、日常の多忙さが相まって、自分たちの「計画」、取り組んでいる「実行」、そして振り返りの「評価」に対する感受性が薄れてしまいがちです。リーダーは、意識的に、自分たちのチーム活動についてチェックします。

例えば「計画」については、改めてチームの目標や課題と照らし合わせて、そもそも計画の意義と内容は適切であるのか、時間的な展望の面で無理や無駄はないのかを確認します。また計画が、メンバーによく認識されているのかも確認します。

「実行」については、役割や担当の割り振りは適切か、段取りや手順は合理的なものになっているか、実際の活動状況は満足できるものであるかを確認します。

そして「評価」については、評価の基準とタイミングは適切か、次の計画や活動につながるものになっているかを確認します。

②発想、前提、価値観のチェック

第二は、計画、活動、評価のよりどころとなっている発想、前提、価値観についてチェックします。

「計画」は根拠なしに作られているはずはありません。しかるべき発想や前提、あるいは価値観に立って策定されているはずです。

「実行」や「評価」についても同様です。しかるべき発想、前提、価値観が存在しており、それをよりどころとして、最もふさわしい活動が考え出されたはずです。また何を、どんな基準で評価するかも決められていたはずです。

しかし時が経ち、状況は変わります。チームの計画、実行、あるいは評価のベースになっていた発想はこれからも通用するものなのか。拡大トレンドを想定していた前提が崩れていないか。あてにしていたことが今後はもう期待できなくなっていないか。さらには、こだわってきた価値観が技術開発などのために時代錯誤になっていないか。重視してきた価値観は意義をなくしていないか。

このような自問自答は、さきの「チーム活動の現状チェック」よりも重要です。

③継続か、変更かの判断

さて、それぞれをチェックしてみて、既存の発想や価値観がこれからも十分に妥当なものであり、かつ前提もそのまま見込めるのであれば、これまでの計画、実行、評価のサイクルはそのまま続けます。何も変える必要はありません。効果もあがるはずです。

しかし、発想や価値観が妥当性を失いかけており、前提も崩れているとすれば、これまでの計画、実行、そして評価を新しいものに変更する必要があります。これまでどおりの計画や活動では、チームをあげて最大限にがんばり続けたとしても、望む成果が得られるはずはないからです。

こうして、チームの覇気と活力を維持したり、あるいは活力を取り戻すためには、図4－1に示したように、リーダーはチーム活動（計画、実行、評価）の現状を点検します。それとあわせて、それらに流れている発想や前提の妥当性についても問い直します。

2　新メンバーを革新につなげる

(1)　メンバー異動や転入の効果

メンバーの異動は、蓄積された経験や知恵の流出ですから、リーダーにとってとても気になる出来事です。メンバーがやっと仕事に慣れ、一人前になってきたと思ったら異動し、次のメンバーがやってくる。

とりわけ、活躍していた優秀なメンバーの転出の場合は、チームががたがたになり、成果があがらなくなることもあり得ます。ですからリーダーは、出来の悪いメンバーの転出にはこだわりませんが、優秀メンバーの場合はいろいろと悩み、不安になります。確かに無理からぬことです。

しかしここで、リーダーは視点を変える必要があります。どんな人材もリーダーの持ち物ではありません。多様な経験を積むことで人は伸びます。「人材は組織の財」と気持ちを切り替えて、メンバー交代を前向きにとらえます。そして、新メンバーに、チーム方針と自分の基軸について丁寧に説明をして理解させ、まずは旧メンバーになじませ、必要な知識やスキルを学習させます。

また、新メンバーの転入は、チームに新たな発想や刺激をもたらします。ですから、チーム革新のきっかけとして利用できます。つまり、新メンバーの転入を契機に、チーム内の意識の硬直や活動の老化現象に揺さぶりをかけることができます。例えばすぐにもできることは、役割分担の見直しや手順の変更です。

そしてこれらを通してのチーム革新は、次の二つがあるとより円滑に進みます。

(2)　チームのフレーミングの転換

新メンバーの転入とあわせて、チーム全体のフレーミング（framing）を新たなものに置き換えます。

フレーミングとは、チームのあり方、目指すベクトル、そして課題についての「枠取り」、「言葉による表現や意味づけ」のことです。

英語の辞書で、frame の意味を引きますと、「枠」とか「枠取り」などのほかに、「言葉で表す」というニュアンスのことが書かれています。なるほど、枠というものは、それがどういうものであるかを言葉で表してみることで初めて具体的につかめるものです。

チームにも新しいフレーミングが必要です。どんなチームにするのか、何を目指すか、どんなことにこだわるのかなどを、リーダーは比喩的に、わかりやすい簡潔な表現（コピー）で提示します。これによってメンバーはフレーミングをより具体的につかめます。チームやメンバーの関心や興味、ものの見方、そして情報処理の内容は、このフレーミングの取り方で決まります。

なお、すでに気づいておられると思いますが、このフレーミングを言語化することは、Ⅱ章で述べたリーダーの「基軸づくり」と密接に関連しています。

(3) チームの外的動向の利用

もうひとつは、チーム外の動向を利用します。そのためには、メンバーに対して、広く社会や業界の変化や社内の動向に目を開くように仕向けます。「井の中の蛙」よろしくチーム内部に引きこもっている限り、何も動かず、何も変わりません。

外的動向の利用の具体例としては、

- 市場環境の変化や潜在的な競合相手の動向などについての情報提示
- 人事ローテーションや異質性の導入

・出向制度や人事交流、異業種との交流や合同研修

これらは、他組織の持っている発想や空気、世の中の流れを知るうえで役立ちます。チームや組織を変革する際に、「やはり外圧が一番効果的である」と信じられています。これも根拠を持っており、その効果の源泉は「外的動向の利用」です。ライバル会社の動きは「よそもやっている」という格好の口実になります。やや極端な話ですが、外圧は、経営不振や慢性赤字、倒産のときに最大化し、内部は、速く、大きく変えることができます。

また、よく耳にすることですが、「自社の経営トップが動いてくれるとやりやすい」というのも、経営トップが明確な方向づけをし、率先して積極的に引っ張ってくれることで、チームや部署レベルではそれを「外圧」として利用できるからにほかなりません。

3　固定メンバーの経験と知恵を創造性につなげる

(1)　メンバー固定は硬直を意味しない

時間の経過したチームや、メンバーが固定したチームは、硬直を象徴しているようにいわれることがありますが、決してそうではありません。これは大きな誤解です。メンバーの固定そ

のものが、硬直を意味しているわけではありません。

むしろ、メンバーの固定やチームの経過時間の長さは、経験、知識、情報がチーム内に多く埋蔵されている可能性を示しており、創造性や発展性を生み出す潜在力をより多く秘めているとみるべきです。最近注目されている知的資本や知識資産の考え方、つまりメンバーの持つ知識や経験を資本や資産とみなす考え方の着眼点は、まさにここにあります。

確かに、さきにもみたように、チームは時間とともに硬直症状を見せることがありますが、それはリーダーがチームを放置しているために起きています。リーダーによる適切な働きかけによって、時間が経ったチームでも、固定メンバーのチームでも、柔軟性と創造性を持ち続けることができます。

(2) 経験や情報を編集し、活用する

その働きかけとは、メンバーが保持している、言い換えるとチーム内に貯蔵されている情報や知識、あるいは経験やスキルを練り上げて、編集し、活用することです。チームによる情報の練り上げです[2]。

チーム内に、価値のある知識や経験がどんなに多く潜在しても、そのままでは創造性にはつ

ながりません。チームの目標や課題とかかわりを持ちながら、チーム全体で、情報や知識を編集し、練り上げなければなりません。リーダーがその作業の要です。

もしもチームが保持している情報、知識、経験では不足なら、そのときこそ、対外的なリンケージを利用してチームの外部から取り入れ、補充します。

もちろんのことですが、そうして編集、加工されたものは、チームの目標や課題によく適合し、また現在と今後における効果的な課題遂行にとって役立つものに仕立

COFFEE BREAK

――町おこしや村おこしが教えてくれること――

職場やチームは、そのメンバーが代わらなくても次の三つの条件が整うと活性化されます。これには町おこしや村おこしの経験が役立ちます。

第一は、取り組む課題をはっきりさせることです。村おこしの場合は、「特産品」と銘打つものをまず決めました。これで近隣との競争心も起こります。そしてこの新しい刺激が、固定観念や惰性を打ち破ることに結びつきます。

第二は、チーム“内”と“外”との情報ネットワークを見直し、組み替えることです。村おこしの場合、かつての寄り合いネットワークはほとんど固定しており、内部に閉じるなど硬直していました。しかしこれが一村一品の特産品作りのために揺さぶられ、内部の組み替えとともに、外部との新しいリンケージも生まれるようになりました。

第三は、そのネットワークに流す情報の内容を課題指向のものに変えることです。村おこしの場合は、かつては“情緒的”な情報（話題）しか流れていませんでした。それが苗の育て方、水の管理、出荷など、特産品作りにかかわる各自の工夫やアイディア、つまり“課題指向”の情報が交換されるようになりました。

ネットワーク構造とそれを流れる情報の質が変わると、職場やチームは活性化します。

て上げられていなければなりません。ここが重要なところです。

編集と練り上げは、Ⅱ章で述べた拡散的思考（議論）と収束的思考（議論）の使い分けによって進みます。そしてチームとしてまとめ上げたものは、現実に活用しなければ意味がありません。

これらのことを通して、形成後長く経っていたり、メンバーが固定したりしていても、チームは活力を取り戻し、創造性を獲得することができます。

4 コミュニケーション次第でベテランは活性化する

リーダーとして、ベテランの年長者をメンバーに持つ機会は確実に増えています。長幼の序や年功序列を旨としてきていましたから、リーダーとして少しやりにくさを感じさせられたりします。

ベテランメンバーは年上というだけでなく、非協力的で、チームの活性化や変革にも妨害的であったりすることもありますから、扱いにくい煙たい存在として映ります。しかしそうではあっても、何とか前向きになってもらい、長い経験に基づく知識やスキルをチーム活動に反映してくれるように持っていかなくてはなりません。

そのために必要とされるリーダーの心がけは次の三つです。

(1) 決めつけたり、色メガネでみない

第一は、ベテランを決めつけや色メガネをもってみないということです。これは、ベテランに何とかその気になってもらうための基本であり、スタートです。

チーム内の対人関係において、カテゴリーを固定させないようにしなければなりません。カテゴリーはいろいろな形で発生します。正社員と非正社員、男性と女性、主流派と非主流派、取り巻き派とそうでない派、あるいはベテランと若手などです。

私たちは、何かについて理解するときにカテゴリーを作ります。またチームを動かす際にもそうです。限られたチャンスを誰かに与えたら、ほかの人には与えられません。誰かに声をかけたら、ほかの人にはできません。

大切なことは、一度作ったカテゴリーをチーム内で固定しないように注意することです。カテゴリーが固定すると、それによって情報処理がなされることになり、またメンバー間に必要以上の対人的緊張や摩擦が発生するからです。

ベテランを最初から煙たがったり、厄介者のカテゴリーに入れて、固定しないようにします。

(2) コミュニケーションをよくとる

第二は、ベテランとコミュニケーションをよくとることです。ホウレンソウをよくするといってもよいでしょう。これがなされている限り、ひどい非協力や抵抗はみられないはずです。コミュニケーションが途切れると、関係の冷え込みや疑心暗鬼を生みます。

ここでいうコミュニケーションとは、機会の点では、フォーマルには目標面談や評価面談、会議、インフォーマルには意見交換や聴取、そして雑談です。また内容の点では、リーダーとしての基軸、仕事の進捗状況、ベテランのアイディアや意見です。

コミュニケーションは伝えることのほかに、聞くことがなされて成り立ちます。よく整理してわかるように伝え、心を込めて聞きます。時間や手間、労力が伴います。心配りや根気も必要です。つまり小さくないコストがかかります。コミュニケーションをよくとるということは、とりもなおさず、これらのコスト負担を覚悟することを意味します。

一方的にまくし立てるだけ、聞く耳を持たない、効率だけしか考えないような交流は、コ

図4－2　人は相矛盾する気持ちを同時に持っている（アンビバレントの心理）

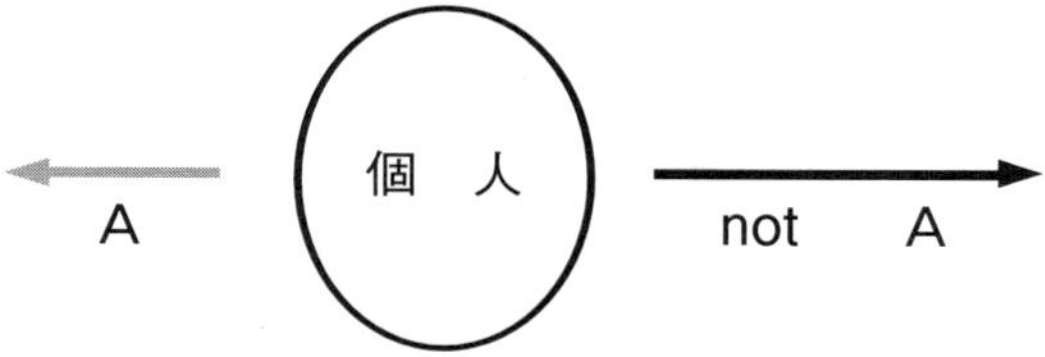

ミュニケーションとはいえません。

(3) ベテランにはきっかけや転機を用意する

第三は、ベテランにきっかけや転機を用意することです。チーム活動に非協力で、変革に後ろ向きのベテランでも、心のどこかに、「世の中大きく変わっているし、厳しい時代だから、自分についても、チームについてもこのままではいけない。何とかしなければ……」という気持ちを持っています。これを信じることから始めます。

先程の「決めつけをしない」と「コミュニケーションをよくとる」は、転機やきっかけを用意するうえで、基本的に必要なことであったのです。

①アンビバレントの心理

人間の心の中には、何事についても、図4－2に示すように、Aという気持ちと、逆の not Aという気持ち、つまり相矛盾する気持ちが同時に存在すると考えます。これをアンビバレント（ambivalent）の心理と呼ぶことにします。

後ろ向きのベテランは、現在、前向きの感情や言動（A）の芽もあるが、それは小さくて、後ろ向きのそれ（not A）が優勢であるような状況にあるとみることができます。リーダーとしては、前向き言動（A）の芽が膨らんでもらいたいと思います。

前向き言動（A）を引き出すために、リーダーは大抵、相手の後ろ向き言動（not A）をつぶそうとします。痛烈な批判や皮肉、きつい叱責などが使われます。しかしこれはあまり効き目がありません。相手にとっては、自分が無視され、操作されることとして映るからです。

そして、相手は操作されまいとしてがんばり、反発します。こちらも意地になる、相手は一段とかたくなになる——こうして、ますます悪循環にはまり込みます。

逆に、あせらずに、後ろ向き言動（not A）に伴う相手の気持ち、事情、考えなどに耳を傾けてみる。相手がそう思っているのだから、「そう思うな」といきなり拒否せずに、共感的に受け入れます。もちろん、手間も時間もかかります。

人間、天の邪鬼のところがあって、後ろ向き言動（not A）が受け入れられようとすると、これまた操作されるという感じを持ちます。このために、もともといくらか存在していた前向き言動（A）の芽が膨らみます。

②相談を持ちかける

こうして、周囲の人から評判の悪いベテランも、転機ときっかけを探し求めていると信ずることにします。「このままではいけない」と思い、自分を改めるよい機会を待っています。それなのに、色メガネでみられ、ダメと決めつけられ、不愉快なレッテルを張られるなど、拒絶され続けるとすれば、「どうせ」と居直り、一段とかたくなになってしまいます。

このことを念頭に置きながら、今一度、自分の基軸を確認する一方で、ベテランに対して個別に〝相談〟を持ちかけます。もう何を果たすべきかは目標や課題で決まっています。ですから、それへ向けて、「何かいい知恵はないだろうか」「どうすればできるだろうか」「いいアイディアを教えてほしい」とベテランに相談するのです。

相談という言葉には、誰もが前向きに反応してくれます。相談したいと申し出れば、たとえ忙しくても時間をとってくれます。そこで、コミュニケーションが始まります。

［V］時限を持つチームを動かす

期限を切られた課題に取り組むチームが増えています。これについてもリーダーは悩みます。例えば、

●プロジェクトチームは結果を出すまでの時間が限られており、とても強いプレッシャーを感じる。
時限を持ったチームを動かすときの勘どころは何か。

●クロス・ファンクション（部門横断型）チームで、成果が期待されている。専門外の知識や経験が乏しくて、とてもストレスを感じている。
その克服法は……？

●メンバーも、初めての経験なので不安を抱えている。
少しでもそれをやわらげて、盛り上がりを作るためのマネジメントはどうあるべきか。

この章では、これらの問いに答えていきます。

1　課題とメンバーを冷静に把握する

時限を持つチームとは、ある特定の課題を遂行するために、〝期限を切って〟既存の部や課とは独立して新たに編成されたチームのことです。具体的には、プロジェクトチームやタスクフォースなどを指します。ここでは、これらのチームを担うリーダーの勘どころを考えます。

プロジェクトマネジメントについては、プロジェクト完了に至るまでの技術的な工程管理に関して述べられた書物はありますが、チームそのものや人的要因のマネジメントはほとんど看過されてきています。

既存の部や課とは独立したチームのリーダーが、チームマネジメントをどのようにとらえているかを調べた調査の結果を見てみましょう。プロジェクトチームやタスクフォースなどと呼ばれるチームのリーダー経験者一五五名が調査対象です[1]。

それによると、従来型職場のリーダーに比べ、チームリーダーには①「発想の柔軟さと創造性」と②「課題にかかわる専門性」が求められており、③「外部情報の収集」と④「意思決定のスピード」が問われ、⑤「有能なメンバーの確保」と⑥「メンバー間の情報共有」がより重要であるとしています。さらには⑦「上司や経営トップの支援」も不可欠と答えています。

チームリーダーは、これらの七つの要件を、チームを上手く機能させるための必要条件とみていることがうかがえます。従来型職場のマネジメントも容易ではないのに、新設されたチームのマネジメントには、さらに質の高い要件が求められています。

これらに加えて、成果を出すまでの活動に期限が設けられていることから、チームのリーダーには少なくとも次の三つが求められます。

- 時間プレッシャーと成果プレッシャーの双方を覚悟する
- メンバーの親交度を急ぎ高めさせる
- チーム活動に必要な情報や知識、技術や経験が身近にあるかどうかを判断する

この三つに優先順位はなく、同時進行です。それぞれについてみていきましょう。

(1) プレッシャーを覚悟しておく

第一に、二つの種類のプレッシャーを覚悟し、克服しなければなりません。

①時間プレッシャー

ひとつは、時間のプレッシャーです。時間が限られています。

時として時間がなくなることでやる気が出ることがあります。締め切りが強いモチベーターになるのはそのためです。しかしそれは取り組む課題がはっきりしていて、それに至るための効果的な方法や経験をすでに持っているときに限られます。

時間プレッシャーはストレス源です。時間の少なさからくるプレッシャーは、課題への集中をそぐ形で働きます。そのために、課題が不明瞭で、効果的な方法や手順も定かでないときは、我々のあせりを誘発します。

そのあせりは、何とかしなくてはというせっぱ詰まった気持ちを生み、柔軟な思考を脅かし、皮肉にもすでに身につけている発想や行動から、なかなか抜け出せない状況を作ります。この感覚は次に〝期限内に上手くはかどらないかもしれない〟との不安を生み、課題への集中を一段とそぐことになります。悪循環です。

②成果プレッシャー

もうひとつは、成果のプレッシャーです。チームが編成された経緯からして、「成果」が強く期待されていることは明白です。

その意味で、時限を持つチームの基調は〝成果主義〟です。成果について、リーダーは、恐らくメンバーの数倍、意識させられます。これも強いストレス源です。

チーム活動は「成果」（結果）と、それに至る「プロセス」で成り立っています。リーダーとメンバーとでは、そもそもチーム活動に対する志向が少し違います。[2] リーダーは「成果」志向です。経営者や上司からも成果達成を強く期待されていることも加わって、リーダーは、〝とにかく成果をあげたい。結果をぜひとも確保したい〟と願います。より正確には、立場上、そう願わざるを得ないというべきかもしれません。

それとは対照的に、メンバーは「プロセス」志向です。なにも、成果を避けたり、怠けたりしたいわけではありません。がんばって、成果を確実に出すつもりです。しかしいつも、〝意に反して成果があがらないかもしれない不安〟を抱えています。

ですから、メンバーは、〝成果（結果）の良し悪しよりも、まずはプロセス（日頃の活動や仕事ぶり）の良否で評価してほしい〟と願っています。リーダーとして、これに気づいていることはとても重要です。かといって、現実的な問題として、リーダーがメンバーに対して成果を強調し、それを意識させないわけにはいきません。

こうして、時限を持つチームのリーダーは、時間プレッシャーと成果プレッシャーの双方を覚悟し、克服する必要があります。

そして自分のことだけではなく、メンバーの「プロセス」志向にも対処しなければなりません。これには、チーム活動のプロセスについてのシナリオを描き、それをメンバーと共有することにより対処するしかありません。この点はとても重要ですが、なかなか難しいところもあるので、後でまた取り上げます。

(2)　メンバーの親交度を急ぎ高めさせる

第二はチームビルディングです。いち早くメンバー相互の親交を深めさせます。チーム活動が円滑に進み、成果に近づくためには、まず、I章で述べたレベル1のチームワーク、つまりメンバーの円滑な連携や協力関係を作り上げます。

時限を持ったチームにあっては、特に初対面のメンバーが寄り集まっている場合ほどそうですが、リーダーとメンバーの間で、またメンバー相互間で、心理的なラポール（rapport うちとけ合い）を早期に醸成するように努めます。

①知り合うミーティング

これには、チーム発足当初に、まずは互いを知り合うためのミーティングを頻度多く開きます。〝顔をつきあわせること〟に意味があります。それぞれの専門性を含めた自己紹介やとりとめのない話題の交換も、ラポールづくりには役立ちます。

昼食をとりながらの懇談や夜の飲み会も、基本的には、この種のミーティングと考えてよいでしょう。相手の人となりや雰囲気がわかることで、よい意味で肩の力が抜けて、安心感が生まれ、その後のコミュニケーションが促進され、その内容や質が変わります。

最近では、社内のイントラネットを用いてメンバー間の連絡やミーティングもされますが、それに先立って、互いを知り合うフェース・トゥ・フェースのミーティングが欠かせません。

②コミットメントを作るミーティング

続いて、チームの課題に関連するミーティングも開きます。これによって、メンバーが、自由さや奔放さをベースとして、前向きの意見やアイディアを交換しあいます。これはチームに対するコミットメントを高め、視点や発想の確認や転換を進めるうえで役立ちます。

メンバーが他部署との兼務者によって占められているときほど、チームへのコミットメントを引き出す必要があります。これの働きかけを怠りますと、兼務者の気持ちはいつも原籍に向かい、チーム活動に身が入らないからです。

チームの課題についての自分のアイディアやかかわり方、成果のイメージ、リーダーやメンバーの相互期待、あるいは予想される障害のイメージなど、思い思いのことを出しあいます。これには、拡散的思考を促進するチームによるブレインストーミングも有効でしょう[3]。これを進めるために、ある会社では次の五つのルールを守り、効果をあげています。

- 人の発言中は口をはさまない
- 話題をそらさない
- 荒っぽいアイディアを歓迎する
- 判断を差し控える
- 他の人のアイディアを膨らませる

(3) 課題の遂行に必要な情報、知識、経験の所在を判断する

第三は、チーム活動に必要とされる情報、知識、経験の所在を見極めることです。チームの目標や課題を明確に認識することと、外的状況の把握や組織内外でのリンケージづくりが、チームマネジメントの基本でした（Ⅱ章を参照）。

時限を持つチームにあっては、目標や課題の明確化はもちろんのこと、その課題を遂行するうえで必要な情報や知識、あるいは経験が、〝チーム内に存在しているかどうか〟を素早く見定めることが必要です。とにかく時間が限られているからです。

必要と思われる情報や知識、あるいは経験が、チーム内に存在しているとすれば、それらを

メンバー間で出しあい、チーム活動に活用できるように編集し、加工し、その後の活動に使います。

　他方、チーム内に存在していないとすれば、それを内部で生み出すように試みるか、リーダーとメンバーが持つリンケージを頼りにチーム外に求めるしかありません。そのためには、チーム活動の一定割合を外部からの情報や知識の獲得に費やさなくてはなりません。また外部のどこから、何を（種類と質）、どのくらい（量）収集するかの判断も必要です。

　このときに、メタ知識（誰に、あるいはどこに尋ねると必要な情報や知識が得

COFFEE BREAK

チームを作りあげる

　チームビルディングには、まずは集まり、会合を持つことが最も効果があります。

　ある会社で、新たに支店が立ち上げられました。メンバーの多くが初めて一緒に仕事をする人同士でした。今のご時世ですから、営業チームは個人別の机はなく大きなテーブルを用意したフリーアドレスでした。またモバイルを使うことで、電子メールを駆使した報告や会議を行い、そして直行や直帰ができるようにしました。

　しかし、当初思い描いたとおりには交流はうまくいきませんでした。盛り上がりも今ひとつでした。ポイントは、同僚とはいえまだあまりよくなじんでいない人に、どのような感じのメールを送ればよいのかがつかめなかったためでした。そこで支店長は、昔ながらの手法とは思いながらも、一緒に飲む機会を意識的に作るようにしたところ、その後は一気に交流が進んだことを述懐しておられました。

　物理的に離れたメンバーがインターネットだけで交流するバーチャルチームにおいて、まず初めに必ず行うことは、一堂に会しての意思の疎通であることも知られています。

られるかについての知識）が役立ちます。顔の広さや人脈とは、このメタ知識の充実度を指しています。もちろん、どこにあるかを知っているだけでは不十分です。しかるべき形で入手できなければなりません。そしてより肝心なことは、入手した情報や知識のチーム内での加工、仕立て上げ、そして活用です。

2　積極的な探索と実験へのこだわり

さて、メンバー間にラポールを醸成してチームの協力態勢を作り、必要な情報や知識の所在が確認できたら、限られた時間の中で成果を生み出すための活動がいよいよ始まります。リーダーとしてどういうスタンスをとり、働きかけをするのかは、チームが取り組むミッションや課題のタイプが、次のいずれであるかをチェックすることで鮮明になります。

①課題と成果イメージが明瞭

第一のタイプは、チーム活動の成果がかなり明瞭にイメージできて、それに向かうために必要な知識や技術をほぼ掌握できており、関連する経験もチーム内部に存在しているような場合です。したがって、それに至るチーム活動のシナリオも比較的描きやすくなっています。

具体的にいえば、期限が切られた社内イベント開催プロジェクト、社外キャンペーン実施プロジェクト、あるいは社内の企画プロジェクトなどがこれに該当します。

②課題と成果イメージが不明瞭

第二のタイプは、それとは対照的に、成果のイメージを明確に描くことが難しく、また必要な知識や技術、経験などがチーム内に存在しているかどうか不明、もしくは存在していないような場合です。時として、チームとして何に取り組むのかを考えるところから始めなければならないこともあります。したがって、成果に至るシナリオは簡単には描けません。

例えば、〝かつてない抜群の独創性を持つもの〟や〝とにかく競争力のある何か新しいもの〟など、はなはだ曖昧なミッションや成果イメージのもとにスタートする製品開発プロジェクトや新ビジネスモデルの創出プロジェクトなどがこれに該当します。

(1) 成果イメージが明瞭で、知識や経験がチーム内に存在するプロジェクト

チーム活動の成果がイメージできて、必要とされる知識や経験がチーム内に存在するプロジェクトの場合は、リーダーにとって好条件です。

①指示的リーダーシップ

取り組む課題も、それに至るプロセスも明確にしやすいことから、チーム活動は〝リーダー中心型〟で、リーダーシップは〝指示的〟であることのほうが効果的です。

もちろん、知識や経験がチーム内に存在するといっても、リーダー自身がすべてを持っているわけではない場合もあります。しかしそのようなときも、ひるむことはありません。有用な知識や経験を持っているメンバーに働きかけ、引き出し、チーム活動に反映させるように持っていきます。

②課題と方向性の確認

メンバーが互いを知り合うミーティングやコミットメント醸成のためのミーティングを当初は頻度多く開いて、チームビルディングを早急に進めます。その後は、チームの目標と課題を明確に整理し、チーム内で確認して共有します。これによって活動の方向性が定まります。

チーム活動の最終成果を思い描くことは、それほど難しくはありませんから、それに至るまでの大まかなスケジュールとシナリオを想定し、設定することができます。これもチーム内で確認し、共有します。これによってメンバーの「プロセス」志向を満たすことができます。

チームの方向性がみえているのはありがたいことですが、しかしチームの活動が、スタート時に想定したシナリオどおりに進むという保証はありません。変更を迫られることもありま す。またすでに保有している知識や経験だけではすべてをまかなえなくて、新たな学習が必要とされることもあります。それはそれで、リーダーは柔軟かつタイムリーに対処します。

また、メンバー相互の連携と協力は、チーム活動にプラス効果をもたらします。これは、メンバーが担当する役割に少しずつ重なりを持たせ、互いに連絡をとらざるを得ない状況を作ることで促進できます。

(2) 成果イメージが不明瞭で、知識や経験がチーム内に存在しないプロジェクト

他方、現実には、ミッションや課題がぼんやりしたままでも、「従来にないものを生み出す」と力を込めて新規開発チームが作られたりします。チームの編成が先、具体的に何をするかの詰めはその後、というわけです。

①チームによる探索と実験

課題が不明瞭ですから、成果のイメージも、成果に至るプロセスも、さらには必要とされる知識や経験も、どれをとってもはっきりしていません。また知識や経験がチーム内に存在するかどうかのチェックも不可能です。さらにはチーム活動のシナリオを描くことも難しく、ほと

んど手探りでのスタートになります。

言い換えますと、リーダーもメンバーも、これまでの経験を生かせない。したがって、何についても新規に発想し、仮説を持って、探索的かつ実験的に進めていかなければならないチーム状況です。

②分有型リーダーシップ

このような条件のもとでは、チームにかかわる責任はリーダーにあることはもちろんですが、チーム活動は、メンバーを中心に据える〝参画型〟が望ましく、リーダーシップはリーダーとメンバーとの〝分有型（shared）〟であるほうが効果的です。

一般的には、チームの課題やプロセスが不明瞭であればあるほど、リーダーはしっかりがんばってメンバーに課題やプロセスを明示し、チームを方向づけるリーダー主導がよいと思い込まれているようですが、決してそうではありません。

そもそもチーム内外の状況が不明確な中で、何をどうすればよいかがはっきりみえるはずはありません。リーダーは指示型で働きかけたくても、現実にはできません。それが確信を持ってできるとすれば、それはもう第一のタイプのプロジェクトです。それならば、さきに述べたように、リーダー主導でいくことができます。

またリーダーが、活動の方向と内容についてきぱきと指示を出し、それが的を射たとすれば、それはむしろ偶然と考えるべきです。もしうまくいかなくて手戻りにでもなれば、メンバーは大きな徒労感を味わいます。チームの軌道修正も思うに任せません。

③メンバーに自律性や裁量を与えることの効果

メンバーの参画やリーダーシップの分有が効果的であると述べましたが、これと関連する示唆的な研究結果を紹介しましょう[4]。

メンバーによる参画や分有とは、言い換えると、メンバーに与えられた自律度の高さを意味します。この自律度には二つがあります。

ひとつは「目標自律度」です。これは目標設定や成果評価においてメンバーに裁量を与えている度合いです。もうひとつは、「マネジメント自律度」です。これは日常の活動や意思決定についてリーダーのコントロールが緩やかで、メンバーが自分の判断やペースで仕事をしている度合いです。

リーダーは、この二つの自律度を決める立場にいます。

調査研究は、ニュービジネスの立ち上げに従事しているプロジェクトチームを対象として米国で行われていますが、その結果は次のとおりでした。

成果イメージも課題も明瞭であり、したがって探索的学習の必要性が低いチームでは、「目標自律度」と「マネジメント自律度」が共に低いとき、つまりリーダー主導で指示的リーダーシップがとられているチームほど、メンバーの学習が促進され、チームの成果も高まっていました。逆に、成果イメージも課題も不明瞭であり、したがって探索的学習の必要性が高いチームでは、「目標自律度」と「マネジメント自律度」が共に高いとき、つまりメンバーの参画とリーダーシップ分有が図られているチームほど、メンバーの学習は促進され、チームの成果も高くなっていました。

こうして、課題をすぐには特定できにくく、またこれまでの知識や経験が生かしにくいプロジェクトの場合は、チームの活動において探索や実験が不可欠です。そしてその探索と実験の効果を高めるには、コントロールを緩めて、メンバーに自律的判断や裁量性を与えることがチームの成果につながることがよく理解できます。

3　チーム運営のためのルールと申し合わせを作る

最後に、時限を持つチーム、そして課題が不明瞭で、既存の経験も生かしにくいような手強いチームをあずかるリーダーが、必ず取り組むべきことを述べておきましょう。それは簡単なことで、チーム活動について、ルールや申し合わせを作ることです。

(1)　スタート時にルールと申し合わせを作る

メンバーの自由さは最大限に尊重します。だからこそ一方で、チーム活動にかかわる「ルール」や「申し合わせ」は明確にし、それを互いに守るようにします。

課題や必要な情報や知識は不明瞭であっても、チームの運営方法については、チーム立ち上げ当初から明確にすることはできます。これを曖昧にしておいてはいけません。チーム編成当初にメンバー間の親交度を高める働きかけをする際に行います。ルールや申し合わせを作ることはとても重要です。

①ルールづくり

ルールについていえば、例えばチーム全体の意思決定方式、担当役割の指定、進捗状況の報告や確認、問題発生時の報告義務、ミーティングの開催、あるいは成果の評価基準などについて、各メンバーやリーダーがどのようにかかわるかを含めて明示し、皆で共有しておきます。

誤解のないように申し添えますが、これらのルールは、メンバーの裁量性や自律性を脅かすものではありません。その逆で、裁量性や自律性の尊重を基本としながら、その結実を、チーム全体として調整し、充実させるためのものです。

②申し合わせづくり

申し合わせについては、「何事も前向きに取り組もう」「何事もメンバー全体で話し合い、協力しよう」「やるからにはNo.1を目指そう」「積極的に情報や知識を探索し、仮説をもとに実験してみよう」「上手くいかなかったら、また全員でやり直そう」などです。合い言葉といってもよいかもしれません。

特に、失敗やつまずきにかかわる申し合わせは役に立ちます。時間が限られていることから、〝失敗して他のメンバーに迷惑をかけることになったらどうしよう〟という不安を誰もが持ちます。そして失敗を回避するために、無難なことですまそうとします。あるいは、誰かのつまずき、それによる手戻りが起きると、他のメンバーはとても嫌がります。

そんなとき、申し合わせがあれば、それらを緩和するうえで強い効き目を発揮します。

(2)　条件が不利なときほど申し合わせがものをいう

わが国のプロジェクトチームのリーダーを対象とした筆者も加わった研究の結果も、そのことをとてもよく裏づけています[5]。

調査対象となったプロジェクトチームの中で、「社内的条件が不利」（例えば自社業績が悪く、事業環境が不安定、社内からの期待が低いなど）で、かつ「課題的条件が不利」（例えば知識・技術変化が大きい、変化動向が読めない、情報入手が困難、競合が多い、最終成果をイメージできない、時間的余裕がないなど）としているチームを選び出しました。

これらは端的にいえば、社内外の条件が悪く、また取り組む課題も難しいチームということになります。しかしたとえ条件が悪くても、成果をあげているチームがありました。

そういうチームでは、リーダーの働きかけのもとに、「ルールや申し合わせを遵守する」姿勢を持ち、何事についてもよいものを探すという「探索志向性」や課題や方向性を問い直すことをいとわない「能動的自省性」が強く、そしてメンバーが主体的に「チーム活動への参画」をしていることが明らかになりました。

さきに述べたことがよく裏づけられている結果です。課題が不明瞭なので探索や実験が不可欠なのに、時間は限られている。リーダーとしては気持ちが焦る。しかしそんなときこそ、「万一上手くいかなかったら皆でやり直そう」の申し合わせを持ちながら、メンバーに自律性を与えるリーダーシップがふさわしいことを教えています。

[Ⅵ] モチベーションをどう引き出すか

リーダーは、メンバーの意欲づけも気にかかります。これに関連して次のような質問をよく受けます。

●若いメンバーが、このところすっかりわかりにくくなった。以前とは違うのか。意欲づけの基本的なポイントを知りたい。

●メンバーの気持ちを尊重しろといわれる。しかし会社なのだから、リーダーは言うべきことはちゃんと言うべきではないのか。

●目標管理制度が導入された。効果的な目標設定について知りたい。

この章では、これらの問いに答えることになります。

本書のⅡ章で、リーダーとして成果をあげるための準備として次の四つを挙げました。

・チームの課題を見極めること
・チームの状況やリンケージを動態的につかむこと
・周りの人をその気にさせること
・コミュニケーションをよくとること

最初の「チームの課題を見極めること」と「チームの状況やリンケージを動態的につかむこと」はとても重要なものですから、Ⅲ章からⅤ章で検討しました。

三つ目の「周りの人をその気にさせること」が本章のテーマです。適切なチーム目標や課題を設定したとしても、周りをその気にさせることができなければ、成果は得られませんから、これも重要なポイントです。

〝周りの人〟にはメンバーが含まれます。そのほかに多様なリンケージも含まれます。直属上司、他チームのリーダー、経営幹部、組織外の関係者、あるいは顧客など、関係する個人や部署が含まれます。チーム外とのリンケージのとり方については、これまでの章でも随所で触れましたので、ここでは対メンバーの意欲づけに議論を絞ります。

なお、四つ目の「コミュニケーションをよくとること」は、ほかの三つの準備いずれとも関係していることから、先行する章でみてきましたし、この後でも議論します。

1　人の相矛盾する気持ちを理解しよう

モチベーションを考えるうえで、心にとどめておくべきことは、「人は矛盾する気持ちを同時に持っている」という原理です。誰もが、自律と他律、能動と受動、積極と消極、自己主張と匿名、あるいは自由と拘束など、相矛盾する気持ちを同時に持ち、その間で揺れています。まずは、この原理をよく理解しておくことにしましょう。これは、後でみるようにとても広い応用力を持っているからです。

(1)　人は自律的、かつ主体的でありたいと思っている

我々は、心のどこかに「自己」（自分といってもよいでしょう）を持っていると考えることにします。これにより、モチベーションのメカニズムがよくみえるようになります。

①自己に対する強い関心

人は、自己（自分がどのような存在であるのか）に強い関心を持っています。一番大切と

思っています。それがどのくらいかは、皆で写った記念写真が出来上がり、手にしたときのことを思い浮かべてみるとよいでしょう。最初に見るのは自分です。

人は、そんな大切な自己について、自己洞察や他者から受けるフィードバックを手がかりとして評価します。その評価は、よくできる、カッコいい、立派で素晴らしい、周りから受け入れられているなどとポジティブにも、逆に、出来が悪い、ちっぽけで劣っているなどとネガティブにもなります。

もちろん、人は、大切な自分がポジティブに評価されるときに満足を感じ、自尊心や前向きの気持ちを持ち、元気が出ます。ですから、「ほめてもらえる」「認めてもらえる」「わかってもらえる」などがあると、人はとても嬉しさを感じます。

②自己中心性と自律願望

そのポジティブな自己評価とルーツは同じですが、人は自由さを好みます。その意味では基本的に自己中心的です。そして主体的に、自律的に判断や選択をし、決定し、行動できるときに嬉しさを感じます[①]。

〝自ら進んで〟という内発的で自主的なモチベーションは、メンバーが「指し手意識」（チームや仕事において、将棋の駒のように操られるのではなく、将棋の指し手のように主体的、能動的に選択しながら行動し、周囲に働きかけられる感覚）を持てるときに生まれます。

③効力感と上達感

その自分が考えた活動や働きかけが期待したとおりに功を奏して、職場や仕事においてこれまでになかった状況や変化（新たな流れが生まれてきた、従来にはない実績が得られた、顧客からの評判が上がったなど）が出始めると、人は達成感を得ます。

そしてそれを通して、自分の活動の持つ意義を感じ、あわせて効力感（自分のがんばりによって周りにインパクトを生み出せるという手応え）を感じます。また自分自身についても上達感（仕事がうまくなってきている、自分に力がついてきているなど）を得ます。

人は、この効力感や上達感が連続することで有能感を持つようになります。これがあれば、次の仕事、新たな仕事、さらにはより高いレベルの仕事に向けて自主的に取り組むモチベーションが湧く、という好循環が回り始めます。

このように、人は基本的には主体性や自律性を持ちたいと願っています。そしてこれは、年齢を超えて、性別にかかわりなく、また国内外で普遍的に共通する原理といってよいでしょう。

(2) 反対に、人は他律と統制を求めることもある

もっとも、人は一貫して主体性や自由を好み、自律願望を持ち、能動的であるかといえばどうもそうではありません。

時と場合によって、自由よりも拘束を、自律よりも他律を、能動よりも受動を、積極よりも消極を、あるいは自己主張よりは匿名を、それぞれ求めることがあります。

我々は基本的には自由さを好むとはいえ、自由に何でも決めてよいといわれると、急に荷が重くなり、制約があるといいのにと思います。自分で好きなように決めてよいといわれると、かえって注文や指示が欲しいと感じます。自分を出して主張したいときもあれば、密やかにしていたいときもあります。

これは人が豹変し、正反対のことを求めるようになるためではありません。Ⅳ章の図４－２で示したように、人はもともと相矛盾する気持ち、すなわち「A」の気持ち(例えば、自由に)も、「not A」の気持ち(例えば、制約があるといい)も同時に持っているためです。

図４－２の場合は、「not A」の気持ちが、「A」に勝っている状態です。しかし働きかけ方や状況の違いによって、「A」の気持ちが強くなることがあります。

このような心理状態をアンビバレント（ambivalent）と呼びますが、人の心理の大きな特徴です。心が揺れて迷うのは「A」と「not A」が拮抗しているときです。思うこと（not A）を相手にガンガンぶつけた後で「言いすぎたかな」と反動がくるのは、いずれもこのアンビバレンスにより、反対の考え（A）も持っているからです。

(3) アンビバレントの心理とその利用

人が、このアンビバレントの心理を持っていることから、他者の考え方や行動を変えさせることは可能です。人のモチベーションとも関連しますので、少しみておきましょう。

①カウンセリング

非指示的なカウンセリングにとっては、このアンビバレントの心理が頼りです。悩んでいる個人は、現在、〝がんばってみよう〟という前向きの気持ちが弱くなっている。しかし、たとえ弱くても前向きの気持ちがあるわけですから、それを膨らませる手助けをしてあげる。それによって、〝会社にいけない。仕事ができない〟という後ろ向きの気持ちを、前向きに改めさせることは可能です。

このアンビバレントの心理は、次のⅦ章で取り上げるメンバー育成のための「コーチング」

手法の基本原理でもあります。

②営業セールス

自動車販売や百貨店などでの商品販売など、広い意味での営業の仕事でも、トップセールスをあげる人たちは、顧客の持つアンビバレントの心理をうまく利用しています。〝買わせようとする気持ちを捨てたら、売れるようになった〟〝買わせよう買わせようとすると、お客さんは買うまい買うまいとする〟などの述懐は、まさにそれを教えています。

自動車の販売営業を例にとりましょう。顧客は、総合的にみて、現在は、自社の車に対する興味（A）よりも、他社の車に対するそれ（not A）をより多く持っています。さきの図4－2のとおりです。しかしあきらめることはありません。Aの気持ちが皆無ではないからです。もし自社の車を買ってもらえるとすれば、それはAの気持ちが伸びたときです。

トップセールスをあげるような人は焦りません。また顧客の not Aの気持ちに対して、例えば他社の悪さを強調したりしてつぶそうとはしません。顧客にとってみれば、自分の今の気持ちが否定され、また「駒」としてコントロール（操作）されることとして映り、不愉快になり、ますます抵抗し、not Aの気持ちをかえって強めたりするからです。

むしろ逆に、顧客の他社への興味（not A）を受け入れます。相手の気持ち、事情、思考などにじっくり耳を傾けます。顧客がそう思っているのだから、「そう思うな」といきなり拒否せず、共感的に受け入れます。

顧客も人間ですから、not Aが受け入れられようとすると、これまたコントロールされるという感じを持ちます。このために、もともと弱いけれども存在していたAの芽を、顧客が自ら膨らませる可能性が生まれます。

このように、時間や手間、我慢が必要です。そのような対応をしても、結果としては、今回は買ってもらえないかもしれません。しかし顧客を不快にさせない分、次につながります。

(4) 人は自律も他律も受け入れられる

アンビバレントの心理は、誰もが自律を求めることも、逆に他律を求めることもあり得ることを教えています。これを組織場面にあてはめますと、メンバーがいつも自律的でいてくれればそれはそれで理想的です。しかしいつもそうとはいきません。メンバーには、他律的なきっかけで活動してもらわなければならないことも少なくありません。

これまでみたように、メンバーは、基本的には「自律」を願ってはいても、リーダーの持っていき方、あるいは条件づくり次第では、「他律」も受け入れることを示唆しています。これはとても重要な点です。

組織においては、メンバーの活動は、外的（他律的）きっかけ、例えば他からの指示、注文、要請などによって始まることがむしろ多いのです。人は自律を好むとはいっても、やはり自分の好き勝手で仕事をすることは認められません。組織や部門のミッションや目標との擦り合わせ、チームの課題との折り合いづけが求められることは、組織人の常識です。その際に、どうしても他律の要素が入ります。

また、環境変化が激しい今日では、組織内で構造改革が急速に進め

COFFEE BREAK

総務課長の対応

私の知人Ａさんが、ある支店の総務課長として赴任し、前任者と恒例の事務引き継ぎを済ませました。その中に総務課員Ｂさんへの対応方法が入っていました。どうしようもない人なので「放っておくように」という趣旨のもので、歴代それが引き継がれてきていたということでした。

Ａさんはそれを頭には置きましたが、Ｂさんを放っておくことをせずに、何かと声をかけ、いろいろと話を持ちかけ続けました。半年ぐらい経った頃から、課員や他の部署の人たちから、「この頃、Ｂさん変わってきましたね。何か別人のようですね」との感想を聞くようになったということです。

Ｂさんも人間ですから、アンビバレントの心理を持っていたに違いありません。反発的とみえる態度をとったり、後ろ向きの姿勢をみせたりしてはいても、「いつか機会があったら」「何かきっかけがあったら」と思っていました。しかし上司をはじめ周囲の皆が決めつけた態度をとり続けたことから、機会やきっかけをつかめず、「どうせ……」と開き直っていたわけです。

ところが今度の上司Ａさんは違いました。Ｂさんはそれによってこれまでの反発とは逆の、前向きの気持ちを伸ばすことができたわけです。

られています。これらは、従来の発想や仕事の大幅変更や切り捨てを生むことから、メンバーには、他からの問答無用の押しつけや強制として受け取られやすいものです。

さらには、多くの組織で導入されている目標管理（ＭＢＯ：Management By Objectives）も、その本質は自律の尊重であるにもかかわらず、ノルマ強化や監視などの他律の固まりとして受け止められがちです。

しかしこれらはいずれも契機は他律ですが、メンバーが〝ポジティブな自己評価〟、あるいは〝効力感や有能感〟を得られるような働きかけや心配りを工夫することによって、メンバーの自律願望を満たし、他律への不満を緩和することができます。

2　モチベーションの三要素

モチベーションの引き出しに議論を進めましょう。モチベーションと行動を同一視している人がいますが、両者は違います。

①モチベーションとは

モチベーションとは、「実際の行動を引き起こさせる個人内の力であり、行動の準備状態」

を意味するものです。そしてこれは、「覚醒」「持続性」「方向性」の三つの要素で成り立っています。

②覚醒（arousal）

人が意欲づけられ、行動を始めるには、テンションがある水準以上に高まらなければなりません。目が開かれ、気持ちが前向きになっている状態、無気力感や退屈感とは反対の状態が必要です。日常的な表現では「元気のよさ」といえるでしょう。

なお、重要なことですが、この「覚醒」はメンバーの行動を引き起こさせますが、その行動の効果性とは直接には関係しません。というのは、覚醒が高まったとしても、それによって具体的目標や効果的な行動が浮かび上がるわけではないからです。

ですから、雇用不安や危機感をあおるなどしても、メンバーの覚醒は高まりますが、効果的な行動が生まれるわけではなく、したがって成果には結びつきません。

③持続性（persistence）

覚醒され、行動を始めたとしても、線香花火のように、ぱっと燃えたらすぐに消えてしまうというのでは影響力を持てません。ねばり強い継続や、あきらめない姿勢も必要です。日常的な表現では「根気の強さ」とえるでしょう。

④方向性（direction）

行動が向かう方向性も重要です。わが国ではこれまで、覚醒と持続性には敏感にこだわりました。しかし方向性はほとんど意識していませんでした。元気よく、根気よくさえしていれば、〝よくやっている〟と評価してもらえました。やるべきことが決まっていたので、how さえ考えればよかったからでしょう。

しかし今日問われるのは what と why、すなわち方向性と根拠です。「元気も、根気も尊い。けれども成果は出せているか？」が問われるようになりました。成果は、いうまでもなく、それに先立つプロセスがしっかりしていなければ生まれません。ですから覚醒と持続性の重要性は、これからも薄れません。しかしその前に、方向性は決定的に重要になりました。方向性を持ち合わせない覚醒と持続性は、空滑りをする運命にあります。

本書で「チーム目標や課題の把握」「リーダーとしての基軸づくり」の重要性をくり返し述べましたが、それは、まさに方向性を明確にすることの大切さを説いたことになります。

次に、これらモチベーションの三要素を生むためのリーダーの働きかけについて整理します。

3　モチベーションを引き出すための働きかけ

メンバーのモチベーションを引き出すためのリーダーの働きかけは、図6－1に示すように、大きく五つのカテゴリーに分けることができます。[2] これらはいずれもリーダーとメンバーの間の直接的なコミュニケーションを通してなされます。

(1) 採用・選抜と教育

これは、リーダーの働きかけというよりは、メンバーの個人的特性です。例えば、好奇心や達成動機（種々のことに興味を持ち、取りかかったことは何事もいい形に仕上げたいと思う気持ち）、仕事上の勤勉さや几帳面さ、および課題に対する内的な興味を挙げることができます。

いずれもメンバーの性格特性に近く、またメンバーはすでに採用選抜を通って入社してきていますから、これらの低さを今さら嘆いても始まりません。リーダーとしてできることは、日頃の指導の中で、これらの特性を少しでも刺激するように心がけるしかありません。

これらの個人特性は、モチベーションの三要素のうち「覚醒」と「持続性」の高さと関係することが知られています。

(2) 激励、賞賛、助言、そしてコーチング

激励、賞賛、助言は、リーダーの働きかけとして初歩的のようですが、とても重要です。

これによって第一に、メンバーのポジティブな自己評価や自尊心を高揚させることができます。さきに述べたように、人は自己がポジティブに評価してもらえているときに満足し、元気を出し、前向きの気持ちが湧きます。

第二に、メンバーに、いい意味で自分を信じさせ、「自分の力で成果を出せる」という自己効力感や、「大抵のことなら何でもできる」という有能感を持たせることができます。具体的な働きかけとしては、メンバーに成功体験を持たせる。失敗体験についてはメンバーと一緒に反省し、後に生かす。あるいはメンバーが直面している障害を取り除くための助言やサポートをする、などが挙げられます。

なお、効力感や有能感を持つメンバーの「持続性」は高く、特に明確な目標を持っている場合には、つまずきがあっても、それにくじけることなく行動を継続させます[3]。

図6－1　リーダーの働きかけによるモチベーションの引き出し

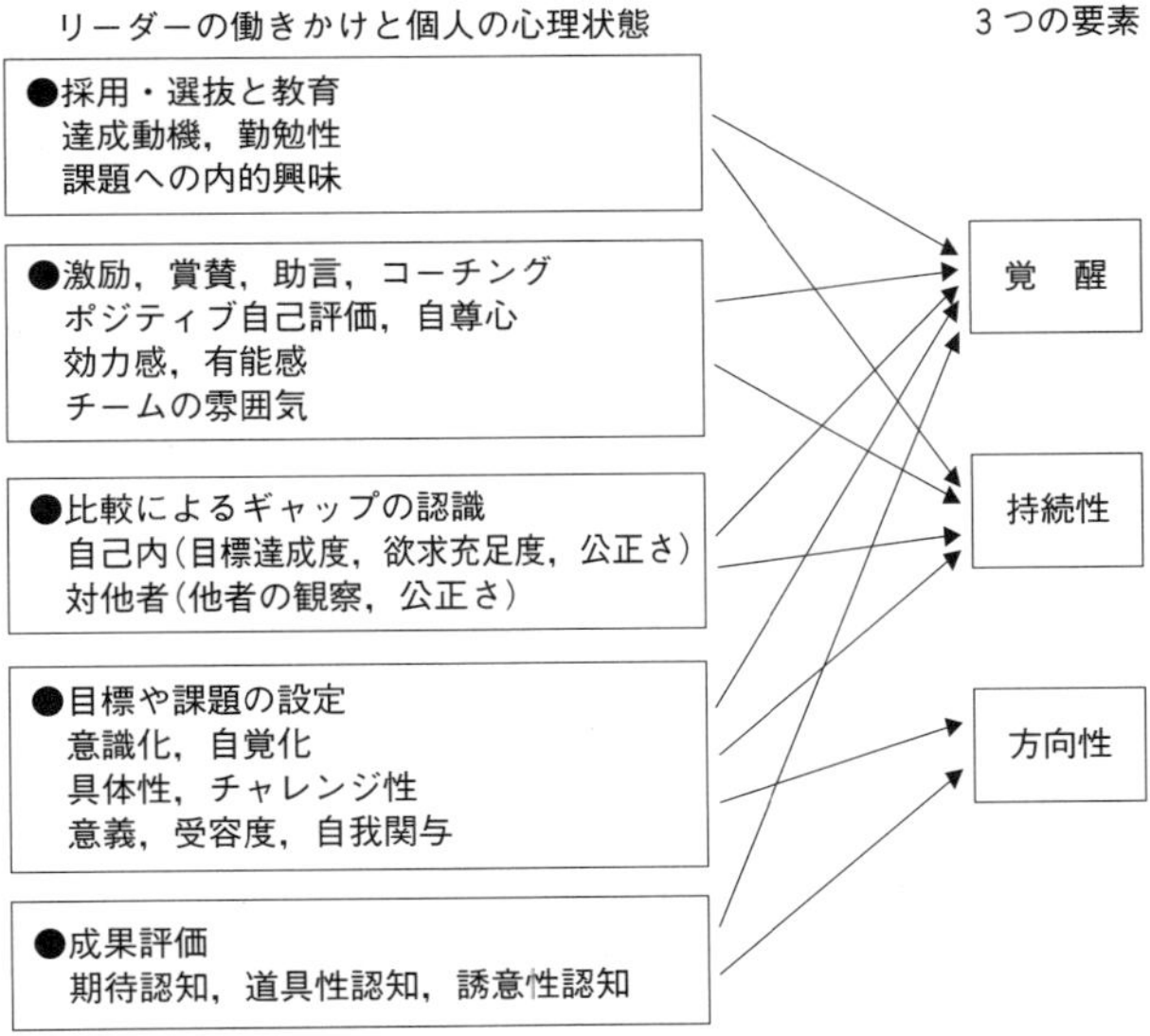

第三に、メンバーに好感情やムードを提供することで、チーム全体の雰囲気を高揚させ、必要以上の不安感をやわらげ、前向きの気持ちを誘発することができます。

　このような三つの心理状態は、自律的な特徴を持ちながら、図6－1にあるように、モチベーションの三要素のうち、「覚醒」と「持続性」を高めさせることがわかっています。

　なお、これらの自律的モチベーションの源となる主体感や自律感、効力感、有能感をメンバーに生み出そうとするものが「コーチング」です。これについて本書では、学習（ラーニング）の観点から取り上げ、次のⅦ章で述べます。

(3) 比較によりギャップを認識させる

比較によって、メンバーにギャップ（格差）を感じさせることで、モチベーションを刺激することができます。

この比較は、自己内比較と他者との比較に分けることができます。

①自己内比較

これには、メンバー自身の理想と現実との比較（例えば、ありたい自分と現在の自分の比較、将来のキャリアイメージと現状の比較）、あるいは設定した目標水準と現在の達成水準との比較（例えば、期初の設定目標と現在の達成度の比較）が該当します。

この比較の手がかりは、メンバーが日常の対人交流によって自ら得る場合と、リーダーなど他者が用意する場合があります。前者は自律的な比較ですし、後者は他律的な比較です。

目標管理サイクルの中で行われる評価面談を例にとると、そこで用いる資料を、基本的にはメンバーが用意して説明する形は自律的な比較、リーダーが用意した資料で一方的に評価する形は他律的な比較となります。

②他者との比較

人は何につけ傍らの他者と比較します。この他者比較には、仕事の進め方についてのお手本（ロールモデル）との比較や、処遇や待遇についての同僚との比較などが含まれます。

メンバーは自他間のギャップの大きさに比例して緊張感（テンション）を感じます。そしてモチベーションの三要素のうち、図6－1にあるように、これまた「覚醒」と「持続性」を高めさせます。これはさきにみたように、自律的にも他律的にもなります。

なお、リーダーとして、メンバーに対して比較の機会を用意し、ギャップを認識させてもよいと思います。ただしその比較は、メンバーをおとしめるためではなく、現在の良い点と不足点を互いに確認し、今後の改善につなげるためのものでなければなりません。

(4)　目標や課題の設定

目標や課題を設定することの重要性は、基軸づくりのそれとともに、くり返し述べてきました。目標設定は次のような条件を満たすことで、高いモチベーションを引き出します。

①意識化と自覚化の促進

目標設定を行うことで、メンバーは意識化と自覚化を高めます。これがモチベーションの三要素のうちの「覚醒」と「方向性」を刺激します。

もちろん、漫然とした設定、「前年どおり」の惰性的な設定、あるいは意図のない「なんとなく」の設定であれば、何の効果もありません。目標設定では次の二つを心がけます。

第一は、目標設定にあたって、メンバーに組織や部門、そしてチームの目標をしっかりと確認させ、それと連動させて自分の目標を設定させます。これによって、メンバーは活動の方向性を意識します。

第二に、リーダーとの面談を通して、リーダーや同僚の期待を知らせ、何を目指すか（what）と、その根拠（why）をよく考えさせます。また、チームにおける自分のかけがえのない役割や存在価値についても意識させます。

②具体的でチャレンジングな目標設定

設定する目標について、〃具体的に〃と〃チャレンジングな〃という注文を出します。多くの研究が、目標は具体的で難しいときほどメンバーを動機づけることを裏づけています[4]。次のような理由によると思われます。

目標が具体的であれば、設定目標と現状とのギャップがよりはっきりわかります。またチャレンジングで難しい目標は、あるべき状態とのギャップを頻度多く、そして長い期間にわたって認識させてくれます。これによって緊張感が生まれます。

こうして、目標の具体性とチャレンジ性は、モチベーションの三要素のうち「覚醒」と「持続性」を刺激します。

③意義、受容度、自我関与

メンバーに、目標の意義を感じさせ、それを自分のものとして受け入れ、コミットしてもらうように持っていくことも必要です。

このためには、まずは目標設定の意味について、リーダーもメンバーもしっかり理解しなければなりません。リーダーは、自分の基軸とともに、チームの目標や課題をメンバーに明示し、よく説明します。これを踏まえてメンバーに目標を自主的に設定させます。

そのうえで、目標設定面談を時間をかけて丁寧に行います。これによりメンバーの目標の受け入れと目標へのコミットメントが強まります。よくいわれるように、目標設定面談が鍵を握っています。

メンバーによる目標の受け入れがうまくなされると、目標設定に基づくモチベーションは自律的な色合いを持ちます。逆にこれがうまくいかないと、最悪の場合は、目標は誰のものでもなく宙に浮いてしまうか、強制や押しつけのノルマと受け止められて、モチベーションを刺激することはありません。

この目標の意義の理解や受容、あるいはコミットメントは、「方向性」をより明瞭にしますし、さきに述べた目標と現状とのギャップがあるときに、より「覚醒」され、目標志向行動を「持続」させることがわかっています。

このように、目標や課題の設定は、図6－1に示したように、モチベーションの三つの要素のいずれにも影響を与えることがわかります。

(5) 成果評価

メンバーが収めた成果について適切な評価をすることが、学習を促進させ、次のやる気（モチベーション）を生み出し、実際の行動に向かわせます。

モチベーションに関する期待理論は、メンバーの〝期待認知〟（自分が目標とした課題に一生懸命に取り組めば望む成果が得られると思っている度合い）と〝道具性認知〟（成果をあげれば自分が欲しい各種の報酬に結びつくと思っている度合い）が、モチベーションの強さを決めると説いています。(5)

これらの二つの認知は、メンバーの実経験で作られます。目標を設定し、仕事に打ち込むことで業績に結びつき、そしてその業績によって報酬が得られた経験を持つ個人は、その業績を収められた目標や課題にコミットし、次にもそれを選択し、その達成を図るようにがんばります。

こうして適切な成果評価は、図６－１に示したようにメンバーの「覚醒」を高め、「方向性」を維持させることがわかります。

４　成果主義とその効果を高める

(1)　成果主義が目指していること

成果主義は誤解を受けているようです。悪者扱いされ、批判を浴びせられ始めています。確かに、成果主義の名のもとに、組織現場においては、社員の突き放し、給与カットや人員削減を行う格好の口実や隠れ蓑になっている場合があります。これならば強い批判を受けて当然といえます。

しかし、今必要なことは、成果主義の本質を理解し、それが持ち得る重要なメリットを確認することです。そうでないと、単に成果主義を批判しているだけでは、わが国の組織が備えるべき新しい強さをそいでしまいかねないところを持っています。

①成果主義とは意識化し自覚化すること

いろいろなとらえ方があると思いますが、成果主義にとって次の三つが重要なポイントです。

- 組織も個人も、自分(たち)の未来とそれに向かう課題を意識化する。また自分(たち)に求められる高い水準の成果とは何かを、これまで以上に明確に意識化する。
- その成果を実現するために、組織も個人も明瞭な意図を持ち、戦略的に活動する。
- 成果を評価する基準を作成し、それをもとに評価し、個人やチームを処遇する。

多くの場合、成果主義というとき、年功制を廃止すること、給与や処遇に個人格差をつけること、降格制、企業業績連動の賞与(給与)のこと、などが取り上げられます。しかし、それらの多くが成果主義にかかわる処遇のことしかみていません。大切なのは、成果や課題、自己の役割にかかわる意識化と自覚化です。

②人事・処遇制度の役割

人事・処遇制度は、あくまでもツールです。それ自体は企業業績に直接の効果を持ち得ません。他社に負けないと自負する制度が出来上がったとしても、その運用を通して、自社のビジネスモデルの効果的な展開に必要とされる人的資源要因（モチベーション、能力、チームワーク）を確実に伸長させるものでなければなりません。その伸長がないとすれば、業績が高まることはないからです[6]。

成果主義をいち早く導入していた大手総合情報通信企業も、自社のビジネスモデルの推進に欠かせない人的資源要因をよりよく生み出すことを意図して制度内容を改訂しました。これこそ、人事・処遇制度は構築することが目的ではなく、適切に運用して効果をあげることが目的であることの証明といえましょう。

同社の改訂内容は、第一に、チャレンジングで高い水準の目標設定を特に重視することとしました。これは、変化と競争の激しい業種であり、それに対処するには高い水準の成果を意識し、それへのチャレンジが必須であることによります。

第二に、最終成果もさることながらプロセスについても適切に評価することにしました。高水準の目標設定をしやすくし、精一杯のがんばりにもかかわらず完遂できなかったときの救済をするためです。また、管理者もメンバーもプロセスを意識することは、次の章で述べるように、メンバーの学習を促進させます。

そして第三に、各事業部のビジネスモデルに合わせた評価基準を設定（カスタマイズ）する、というものでした。それぞれの部署にふさわしい成果を意識し、それを評価する適切な基準を、そこの管理者が責任を持って作成することにしたわけです。管理者の力量が問われることになりました。

(2) 成果主義の柱は「意識化」と「自覚化」

これまで人が目標や課題を設定することによってモチベートされることをみてきました。成果主義は、組織全体からチームやメンバーに至るまで、まさに成果を意識化することから始まります。そしてそれにかかわる目標や課題（what と why）を意識化し、それに至るプロセスを、戦略的、かつ意識的に取り組むことを意味しています。

成果主義を「給与や処遇に差をつけること」と思っている人がいますが、大きな誤解です。成果主義とは、取り組む課題とその成果を明確に意識して、それに誠実に、工夫を凝らして取り組むメンバーやチームを讃えて、それにふさわしい処遇をする制度です。その結果として、処遇に差がつくことがあるのです。

組織、チーム、個人のいずれにとっても、これからのキーワードは「意識化」と「自覚化」です。これに我々は慣れていませんし、得意ではありませんでした。また、意識化や自覚化は、自律性や主体性の中核をなすものですが、我々に負担感を与えます。

しかし、これからの時代は、これらを避けては前へ進めません。目標管理制度（ＭＢＯ）は、リーダーとメンバーにとって、まさに「意識化」と「自覚化」の場（機会）として理解しなければなりません。

(3) 目標管理の効果を高める三つのポイント

最後に、目標管理の効果をあげるために、運用にかかわる三つの提案をします。

①役割と課題の再定義

第一は、メンバーに、自分の役割と課題についての再定義を勧めます。自分の役割と課題についての定義が変わらない限り、発想や習慣は過去の延長にとどまり、モチベーションや学習の内容も変わることはなく、したがって成長は起きません。

目標設定に際して、部署やチームの目標をあらためて認識してもらいます。それに合わせて、「自己の役割や課題」と「自分とチームや同僚との関係性」について、新たな視点から定義し直すように求めることが有効です。リーダーは、その指示を出すだけでなく、その再定義にあたって時間をとって助言をします。

例えば、同じ営業職であっても自己の役割と課題を〝数字を稼いで帳尻を合わせること〟と定義する人と、〝顧客の要望を最大限かなえること〟と定義する人では、発想や視野、そして現実の行動が大きく違います。同僚との関係のとり方についても同様です。

メンバーが、自分の役割や課題をどのように定義しているかによって、その個人の発想、関心、さらには情報処理や行動に違いが生まれることが確認されています[7]。

②学習目標の設定

第二は、メンバーに、課題達成目標（task goal）とともに学習目標（learning goal）を設定するように仕向けます。

課題達成目標（達成すべき課題とその水準にかかわる目標）はもちろん設定します。課題目標は具体的で、チャレンジングなものが望まれることは前に述べました。したがって、数値化は最も具体的ですが、それができないものも、可能な限り、いつまでに、どのくらいかを意識して具体化を試みます。

その一方で、学習目標（コンピテンシーを伸ばし自己を成長させるための目標）も設定します。所期の目標を安定して達成し、創造性を発揮し業績をあげるためには、必要とされる知識やスキルを知っており、それを行動として具体的に実行する能力であるコンピテンシーを獲得できていなければなりません。学習目標の設定によってコンピテンシーの学習が促進されます（コンピテンシーについては次のⅦ章で述べます）。

課題達成目標と学習目標とは二者択一ではありません。互いに関連するものです。学習目標は〝有効な方略は何か〟に関心を払わせますし、それを通して学習を促進させますから、次の目標管理のサイクルにおいて、より高度の難しい課題達成目標に取り組むときに効果を持ちます。

③文脈的行動の意識化

第三は、メンバーが自己の役割課題行動（task behavior）とともに文脈的行動（contextual behavior）をも意識化するように仕向けます。

役割課題行動（自分自身の役割と課題の実行）はもとより基本であり、確実に果たされなければなりません。そしてもうひとつの文脈的行動（自己の役割を超えてチームや他者の活動を支援する）について、これまで以上に関心を持つように仕向けます。

Ⅰ章で、組織として創造的で新たな競争力を獲得するために、チームワークが欠かせないことをみました。そしてそれはレベル２（新規および役割を超えた行動）やレベル３（チーム内でコラボレーションに努め創造や革新につなげる）のチームワークでした。これらを支えるものが文脈的行動です。新しい競争力を生み出す源泉です。リーダーは、この文脈的行動も誘発するように働きかけます。

今後は、この文脈的行動を発揮しているかどうかにとどまらず、それが生み出す文脈的成果(contextual performance)についても、より意識化して評価をすることが求められるようになると思われます。

[Ⅶ]

メンバーのコンピテンシーをどう伸ばすか

少数精鋭の時代になりました。メンバーの育成が鍵を握っています。
リーダーの方からこんな疑問や質問をよく受けます。
●メンバーの意欲はとても高い。
どうして業績に結びつかないのだろうか。
●資質を見抜いて採用しているはず。
それなのにその後伸びない原因は何か。
●少数精鋭の時代がやってきている。
一騎当千のメンバーをどう育成すればよいのか？
●コーチングはリーダーシップとどこがどう違うか。
この章では、これらのことについて考えます。

Ⅵ章で、メンバーの意欲（モチベーション）について考えました。「熱意や意欲さえあれば、世の中の大抵のことはできる」とか、「スキルよりはウイル（意志）」といわれたりします。しかしこれは大きな誤解を与えるところがあります。

熱意や意欲、そして志も、それぞれとても重要です。仕事の基本です。しかしそれらが高いとしても創造性や業績に結びつく保証はありません。能力やスキルが必要にして不可欠です。能力やスキルの伴わない意欲は空回りで終わります。

どのような能力が求められるかといいますと、それは従来の知能の高さや知識の豊富さ、つまり一般的なＩＱ（知能指数）や博識さではありません。仕事の場面や業績をはっきりと意識し、人が行動として顕在化させている能力です。これを「コンピテンシー（competency）」と呼びます。「業績直結能力」と表現してもよいでしょう。

本章は、この新しい能力概念であるコンピテンシーの意味と、それの学習（コンピテンシーラーニング）について述べます。そしてそれを促進するための「コーチング」についても理解します。

1　コンピテンシーについて

(1)　卓越した人は何が違うのか

競争の激化と景気の低迷などで、どこの会社でも状況は厳しい。それでも実績をあげる人と、そうでない人がいます。経験は少ないのに実績をあげている人もいます。

①ある営業所での事例

ある保険会社の営業所でのことです。業績に差のある人同士で、意図的にペアを組ませてみました。従来、営業は〝とにかく心意気とやる気〟〝センスが大切〟などと抽象的にしか語られてきませんでした。そのために、特に新人などはピンときません。チームにもノウハウとして蓄積もされませんから、次にはつながりませんでした。

ところが、新しいペアが作られたことで目立った効果が生まれ始めました。高実績の人たちは、電話のかけ方や資料の作り方などの基礎的なことはもとより、こういう顧客にはこんなアプローチ、この場合にはこう対応するなど、個別性と具体性のある知識やノウハウを持って、それを実践していたのです。

高実績の人たちには、しっかりとした秘訣があったのです。低実績の人たちはこれに気づかされました。そしてそれを意識して自分も実践するように心がけました。その結果として、営業チーム全体のレベルアップが実現し、実績も伸び始めたのです。

②卓越した人の特徴

どんな仕事でも、卓越した人とそうでない人がいます。卓越した人は、職務状況において次のことを実践しています。

- 望まれる成果を明確にイメージし、それに至るまでのシナリオを描き、
- その成果につながる情報や知識と、具体的な技術的・対人的スキルを持ち、
- 持っているだけでなく、それを行動として実行しています。

このような個人を、〝コンピテンシーを持っている。コンピテンシーが高い〟とみます。[1]先ほどの営業所の高実績の人たちは、このコンピテンシーを持っていたのです。

③コンピテンシーの歴史

コンピテンシーは米国で十年ほど前に提案されました。これが注目された背景には、①企業間競争が高進する中で、意識レベルの変革にとどまるのではなく、行動レベルのそれが強く求められるようになったこと、②知識やスキルの陳腐化が早まり、勤続、年齢、職種を超えて個

人ベースでの評価基準が求められるようになったことなどがあります[2]。わが国ではこれに、年功序列の見直しがちょうど重なりました。

こうして、コンピテンシーは、①組織活動や職務状況を念頭に置き、②結果や業績を強く意識し、③知識とスキルとともに行動に注目するところに大きな特徴があります。

コンピテンシーと、従来の知能、パーソナリティ、学業的知識などの能力は、同一個人が保有するものですから無関係ではあり得ませんが、両者は互いに独立した概念です。つまり知能が高くても、ある特定のパーソナリティを持っていたとしても、コンピテンシーが高いとは限りません。「高学歴で高知能の学生を採用しているのに、入社後、なぜ今ひとつ伸びないのか……」という疑問をよく耳にします。コンピテンシーという新しい概念を設ける意味はここにあります。

(2) コンピテンシーの測定

コンピテンシーは測定できます。そのために、測定尺度（測定項目）を作成します。これは一般にコンピテンシーモデルとか、コンピテンシーディクショナリーと呼ばれます。

この測度の作り方は大きく分けて二つあります。ひとつは現在、高い業績をあげている個人について観察やインタビューを行い、それをまとめて測度として仕立て上げる方法です。もうひとつは、ある仕事において必要とされるスキルやあるべき行動を想定し、それをもとに測度を作る方法です。もちろん両者の混合型もあり得ます。

参考までに申し添えますが、コンピテンシーについて議論するとき、ときどき混乱が起きることがあります。その原因はコンピテンシーのとらえ方が互いに違っているためです。

ある人は、さきに述べたような個人の能力概念としてのコンピテンシーを想定しています。ある人は、この測定尺度のことであると思っています。そしてある人は、その測定尺度を用いて測定された個人のコンピテンシー得点のことと思い込んでいます。この三人が、それに気づかないで議論すると混乱します。このことは念頭に置いておきましょう。

(3)　コンピテンシーの高さは業績と関係する――実証研究

コンピテンシーの高さは、業績の高さとはっきり関係しています。

これは、首都圏の大手自動車販売会社の営業社員三八名を対象とする、よく統制された実証研究によって確かめられています。その概要を紹介しましょう[3]。とても示唆に富んでいます。

①コンピテンシーの測定項目

その自動車販売会社と協同して、営業社員のコンピテンシーを測定する尺度（測定項目）が作られました。これは、高業績者や営業所長などからの聴き取りをもとに、営業業績を大きく左右し、かつまたコンピテンシーの有無がはっきりすると考えられる一二の状況（場面）を割り出すことでなされました。

そして、この一二の状況で回答者がどのように対応しているかを調べるために、この研究の場合は、次のような質問に仕立て上げられました。具体例を紹介します。

・新規の顧客を開拓するために何かしていることはありますか？
・目標設定についてあなたの考え方を教えてください。どのように目標設定をしていますか？
・お客様との商談の中で、車を購入してもらえる可能性を見極めて対応していますか。見極めるとしたら、どの時点で、またどんなところから見極めていますか？
・自分の失敗を振り返って、お客様に対してしてはいけないことを何点か挙げてください。

②コンピテンシーの測定

調査に協力してくれる三八名の社員を、その会社の人事部に推薦してもらいました。その際に、年齢、経験年数、地域、および業績の点で〝偏りがないように〟と依頼しておきました。

その三八名の各社員に対して、研究調査者二名がペアを組んで面接を行い、前記の一二の質問をしました。その際に、各社員の業績は一切知らされていません。

各質問に対する回答について、面接調査者が五段階で評定しました。質問（状況）に対する回答が、状況をリアルに描き、よどみなく具体的で、よく整理されており、しかも回答者がそれを実践していると考えられるときには高い評定（五点）としました。かなり具体的で整理されていても行動が伴っていないときは中位の評定（三点）、そして曖昧で具体性がないときは低い評定（一点）とされました。一二の項目の平均得点が、各社員のコンピテンシー得点となります。

③コンピテンシーと業績との関係性

こうしてコンピテンシー得点を測定した後に、人事部から、各社員の業績評価を教えてもらいました。横軸にコンピテンシー得点、縦軸に業績評価（S、A、B、C、D）をとり、調査対象者をプロットしたものが図7－1です。

コンピテンシー得点は、一項目あたりの平均値とされました。最高得点は四・八三、最低得点は一・一七でした。なお、業績評価が中位のBは推薦されていませんでした。

図7-1　コンピテンシー得点と販売業績との関係性

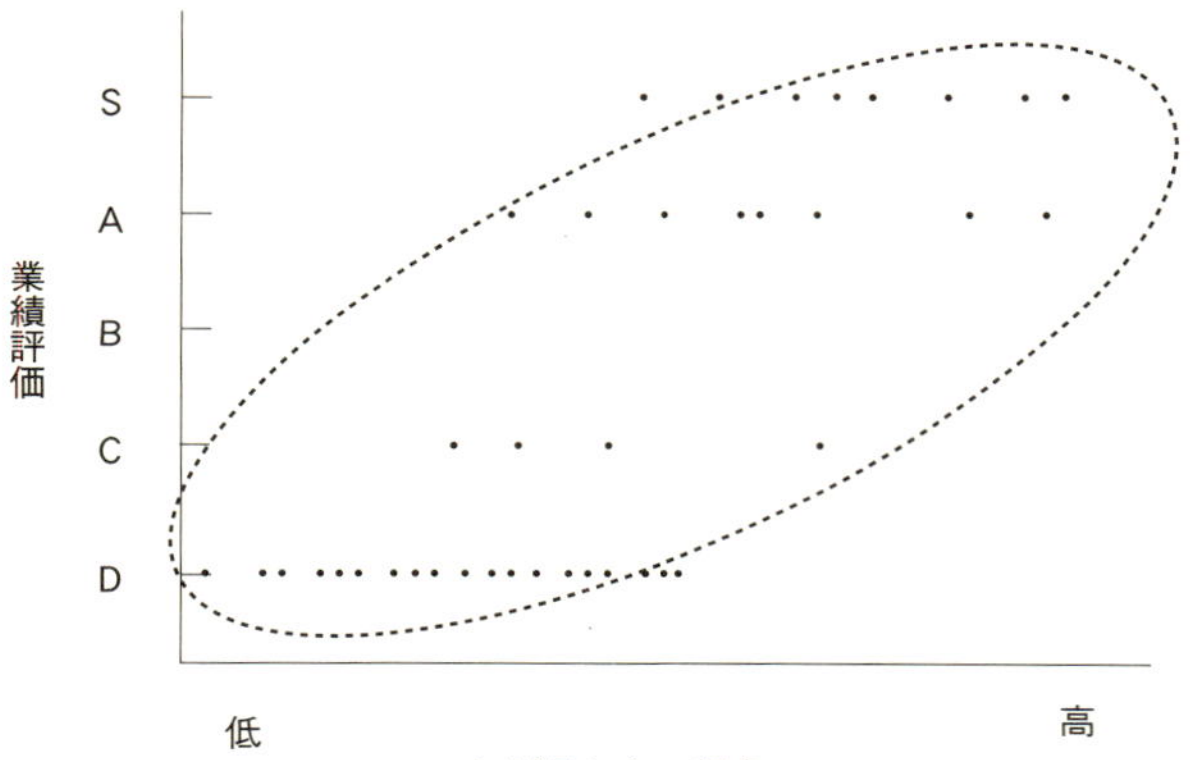

出所）　古川久敬監修・著『コンピテンシーラーニング』日本能率協会マネジメントセンター, 2001

この図から、コンピテンシー得点が高い社員ほど、業績評価が高いことがよくみてとれます。両者の相関係数を算出したところ○・七八でした。この値はとても高いものです。筆者の経験では、組織内の個人業績と何かの相関を算出した場合、大抵はどんなに高くても○・三○前後ですから、このように高い数値はきわめて珍しいものです。コンピテンシーの高さが業績をよく予測できていることを物語っています。

④経験の長さとコンピテンシー

もうひとつのとても興味深い事実も判明しました。業績に対してどういう要因が相対的に高い説明力を持っているかを検討しました。その結果、コンピテンシーは、確かに非常に高い説明力を持っていました。

これとは対照的に、営業経験年数は、説明力をまったく持っていませんでした。これは営業社員としての経験が長くても、それは業績をあげることに何の効果も持っていないことを意味しています。もちろん営業経験年数はコンピテンシーの高さとも関係していません。

つまり、経験を積み、時間さえかければコンピテンシーの学習が進むとはいえないことを教えています。経験が短くても、コンピテンシーを獲得できている人はいるのです。

さらに言い換えますと、コンピテンシーの学習には、経験の「量」は関係なく、経験の「質」が決め手になります。もっと厳密にいいますと、経験の内的な処理のあり方が鍵を握っています。

よく、「人を鍛えるには修羅場の経験をさせることだ」といわれますが、これは正しくありません。修羅場の経験をしても、伸びる人と伸びない人がいます。大切なことは、外形的な経験ではなく、その経験についての内的な処理です。この点については、重要ですから、この章において後ほどまた取り上げます。

2　コンピテンシーラーニング

(1)　コンピテンシーは学習できる

最初に三つのことを確認しておきます。

第一に、コンピテンシーは学習できます。これまではコンピテンシーについて営業を例として挙げましたが、コンピテンシーは技術開発であれ、事務であれ、研究であれ、あらゆる業務についてあてはまります。

なお、コンピテンシーの内容、つまりどのような知識やスキル、行動をコンピテンシーの〝測定項目とするか〟は必ずしも自明ではありません。組織や部署ごとに明確化します。それができるかどうかは、その部署のリーダーの力量にかかっています。

第二に、その学習は、①自分自身の経験を振り返ることと、②他者の経験を取り入れることで進みます。もちろん双方がなされるほど促進されます。経験は、「行動」への着手、それに続く中途の「プロセス」(経緯)、そして「結果」によって成り立っています。つまり、我々の経験は、行動↓プロセス↓結果の連鎖で構成されています。

そして第三に、コンピテンシーの学習は、経験の種類（どのような経験なのか）と回数（経験の多さ）には必ずしも影響されません。大切なのは経験の仕方です。経験についての意識的で、継続的な振り返りによって促進されます。これは先ほどの実証研究のところでも指摘したとおりです。

そして、コンピテンシーとそのラーニングの必要性とメカニズムは、メンバーだけでなく、リーダーにもそっくりそのままあてはまります。以下の議論は、メンバーのこととともに、読者自身のこともあてはめながら理解していただくとよりよいと思います。

(2)　コンピテンシーラーニングのメカニズム

コンピテンシーラーニングが進む様子について、米国でもほとんど研究は進んでいません。その中で筆者は、図7－2に示すような、コンピテンシーラーニングが進行するメカニズムを考えています。

図にあるように、自己や他者の経験（行動→プロセス→結果）に対するとらえ方と処理の仕方が、その個人のコンピテンシーラーニングを決定すると考えます。

そしてその考え方に基づいて、経験の仕方や処理に関して、個人がどのような「習慣」を

図7－2　コンピテンシーラーニングを促進する行動習慣と意識化習慣

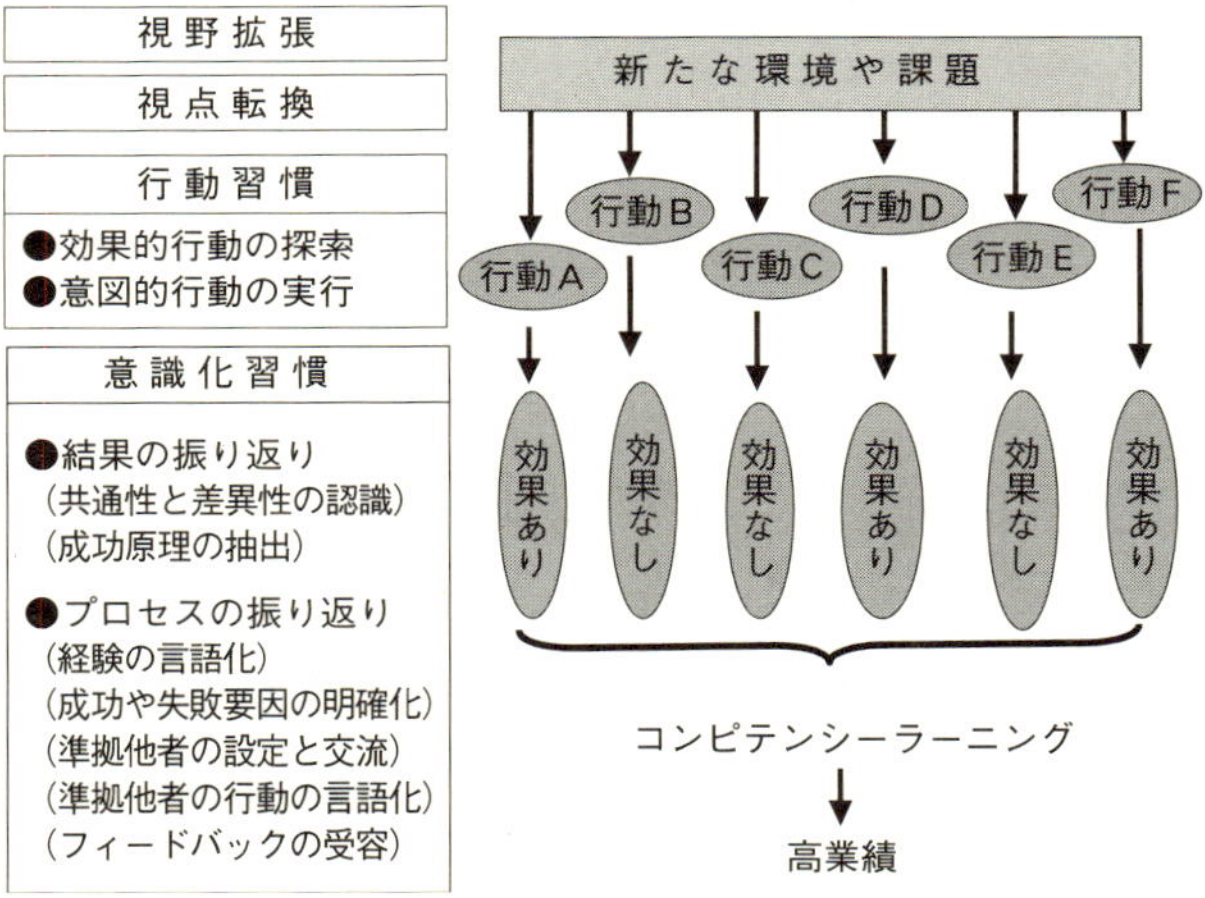

持っているかを把握するための三〇項目で構成される診断測度を開発しました[4]。

図7－2をもとに、その診断測度の一部を引用しながら、メンバーのコンピテンシーラーニングを促進させるためのポイントについて述べます。

(3)「視野の拡張」と「視点の転換」を助言する

コンピテンシーは状況によく対応した判断と効果的な行動です。行動が重要です。だからといって、何でもいいから行動すればいいというものではなく、適切に準備され、練られたものでなければなりません。思いつきや惰性によるものでは成果にはつながりません。

メンバーに対して、環境状況や取り組む課題について、適切な情報・知識を幅広く収集し、自分の発想や視点に偏ることのない知的な思考を心がけるように、折に触れ働きかけます。端的にいえば、自分の業務や技術の自社内外の進歩や動向について、日頃から〝よく考え〟〝よく勉強する〟ように助言します。具体的には、メンバーに次の習慣を持つように助言し、実行させます。

- 視野の拡張（例えば、自分の専門領域や仕事に関する技術やテーマの動向に気を配る）
- 視点の転換（例えば、周囲の人が自分に何を期待しているかをよく考慮して仕事を進める）

(4)「行動習慣」を身につけさせる

次には、メンバーに「行動習慣」を持つように働きかけます。まずは、行動に着手するように仕向けます。行動なくして経験はありません。そして経験がなされなければコンピテンシーラーニングは起こりません。

「こんなことをするべきだ」と考えたり、「これを行えば効果がある」と思いついても、それは経験ではありません。実際に行動に踏み出すことで、経験は始まります。

ただし思慮の浅い行動では意味がありません。さきの視野拡張や視点転換とも関係しますが、探索や実験などを心がけ、知的に行動する習慣を持たせます。また、明瞭な意図や仮説に基づいて行動する習慣をつけさせます。経験を振り返り、それを糧としてコンピテンシーラーニングが進むようにするためです。具体的には、次の二つの習慣です。

- 効果的行動の探索（例えば、何についてもより効果的な方法はないかを考え、いろいろと試す）
- 意図的行動の実行（例えば、仕事をするときには目的や具体的成果をはっきりとイメージする）

(5)「意識化習慣」も身につけさせる

次は「意識化習慣」です。これには、図7－2に示されるように、「結果の振り返り」と「プロセスの振り返り」の二つが含まれます。

①結果の振り返り

まずは、結果を振り返る習慣です。具体的には、次の三つについてメンバーに働きかけます。

- 既有経験との共通性の認識（例えば、仕事が一段落したらその仕事とこれまでの自分の仕事との関連性を整理する）
- 既有経験との差異性の認識（例えば、仕事の結果が悪かったときは、よかったときと何が違っていたか振り返る）
- 成功原理の抽出と一般化（例えば、押さえどころや成功に至る方程式は何であるかを意識しながら仕事をする）

複数の経験の間に共通性を認識しようとする習慣は、コンピテンシーラーニングを促進するための最も重要な鍵を握るものです。仕事にかかわる成功の原理や方程式の抽出は、自分の複数の経験を記憶しておき、それらの間に〝共通性〟を見出すことでなされるからです。

また、何を聞いても、何を読んでも、何を見ても、自分自身の立場や状況にそれらを引き当てて、そこに共通性を見出す習慣を持っている人は、他者の経験を生かして成功原理を抽出できる人、つまりコンピテンシーラーニングができる人といえます。

一方、複数の自己経験の間、あるいは他者の経験との間には違いもあります。ですから、共通性の認識をしっかり持つとともに、差異性を認識する習慣を持つ人は、自分の方程式や原理に緻密さ、深さ、そして幅を持たせることができます。

現に、管理職リーダーのうち、日常の職務において共通性や差異性を認識する程度の高いリーダーほど〝自分の経験からいろいろと学ぶことができる〟とより強く感じていることが裏づけられています[5]。

②プロセスの振り返り

次に、プロセスを振り返る習慣です。行動を始めてから結果に至るまでのプロセスを振り返る習慣です。これには「自己経験の振り返り」と「他者経験の取り入れ」があります。

「自己経験の振り返り」については、次の三つの習慣が含まれます。

- 経験の言語化（例えば、自分の仕事の内容や経過について記録をとり、しっかりと残す）
- 失敗原因の明確化（例えば、失敗したときはなぜそうなったのかをスタート段階まで戻って振り返る）
- 成功要因の明確化（例えば、成功したときは、自分のどのような準備や判断がよかったのかを振り返る）

他方、「他者経験の取り入れ」については、次の三つの習慣が含まれます。

- 準拠他者の設定と交流（例えば、他者の仕事ぶりのよい点を吸収し自分の行動に生かす）

・準拠他者の行動の言語化（例えば、よくできる人に共通するポイントは何かを日頃から意識して考える）
・他者からのフィードバックの受容（例えば、他者からのフィードバックやアドバイスは可能な限り取り入れ、自分に生かす）

(6)　チームによるコンピテンシーラーニング

これまでは個人による他者経験の取り入れを取り上げましたが、チームによるそれもチーム力を大きく増強させます。メンバーの全員がお互いの成功経験とつまずき経験を提示しあい、それをもとにチームをあげて振り返りを行うことによって、チームのコンピテンシーラーニングが大きく進むからです。二つの例を挙げます。

①営業チーム

大手総合電機メーカーの東京支店の営業チームを対象とした筆者たちの実証研究によって、確認されています[6]。高業績チームは、リーダーとメンバーが全員で、新規の顧客案件の事前検討はもとより、受注や失注が判明した案件を振り返っていました。特に失注した案件（失敗経験）を丁寧に取り上げていたのが特徴的でした。

また、これらの検討、振り返りをもとにして営業関連情報を共有し、アイディアを練り上げ、成功原理や失敗原理を抽出していました。その結果として、営業に関連するコンピテンシー（知識、スキル、行動）の学習が図られていました。

②看護チーム

北九州市にある総合病院の看護チームを対象として、チームによる経験の共有が看護師のコンピテンシーの学習を促進させることも、筆者たちは明らかにしています。(7)

経験の共有については、成功経験の共有（うまくいったことを話題にする、院内のよい仕事を話題にするなど）と、つまずき経験の共有（うまくできなかったことを同僚や上司と一緒に考える、他部署のミスやエラーを参考として見直しをするなど）の度合いを調べました。

コンピテンシーについては、平常時コンピテンシー（看護の確実な実行、現状の改善と提案、最良の看護の提供）と、非常時コンピテンシー（ミスへの的確な対応、トラブルへの的確な対応）の水準を調べました。

チーム内で成功経験を共有することの多さは、特に平常時コンピテンシーのうちの〝最良の看護を提供する〟コンピテンシー（例えば患者さんの状況に合わせて最もよい対応をするなど）の学習と強く関係していました。非常時コンピテンシーの学習とは関係していませんでした。

これとは対照的に、つまずき経験を共有することは、非常時コンピテンシーのうちの〝ミスへの的確な対応〟コンピテンシーと〝トラブルへの的確な対応〟コンピテンシーの双方の学習と強く関係していました。平常時コンピテンシーの学習との関係はありませんでした。

これら二つの事例から、リーダーが働きかけをして、チームぐるみで互いの経験を出しあい、意識化し、それか

COFFEE BREAK

――プロ野球選手の行動習慣と意識化習慣――

アメリカ大リーグのシアトルマリナーズに所属する長谷川滋利投手は、ご存じのように、必ずしも若くはありませんが、年々、実力を伸ばしています。その背景に、行動習慣と振り返りによる意識化習慣を実践して、コンピテンシーラーニングを進めていたとみることができます。次のような秘訣をつまびらかにしています。

「メジャー7年目の先シーズン、私は抑えのセットアッパーから試合を締めくくるクローザーになるという強い目標を設定していた。そのために何をすべきかを考えるために日記をシーズンを通して書き続けた。対戦したすべての打者への配球を振り返り、なぜ失敗したのか、なぜうまくいったのか書き留めた。そうすることで自分に妥協を許さないようにした」（2004年1月6日付 朝日新聞「私の視点」より）

まずは高い水準の目標を具体的に設定して、次にそれを実現するための道筋（シナリオ）を思い描いていることがわかります。そして明確な意図と仮説をもって打者に向かったに違いありません。
さらに注目すべきことは、自分の行動（投球）とその結果について一喜一憂することなく、成功と失敗の双方を振り返って記録をとり続けています。意識化することなしには、文章に書くことはできません。これにより成功の法則を考え出しているわけです。

なお長谷川投手は、集中力が欠けてきていると感じるときには、少し前につけた日記を読み返して自分を取り戻して、集中力を持ち続けたことも述べています。

ら生きた知識や技術を抽出して次に生かす機会を設けることで、コンピテンシーラーニングが大きく促進されることがわかります。

(7) 目標管理サイクルを活用した行動習慣と意識化習慣の推奨

行動習慣と意識化習慣を継続することで、コンピテンシーラーニングは促進されます。リーダーとメンバーが習慣の継続を確認できる絶好の機会は、目標管理制度を実施している組織であれば目標設定面談や成果評価面談です。

面談における話題に、これらの習慣を確実に行っているかどうかを取り上げます。その際に、三〇項目の習慣測定測度を利用すると焦点が定まりますから、話題が具体的になり、より効果が出ます。

またVI章の最後で、目標設定に関連して、「役割と課題の再定義」と「学習目標の設定」を提案しました。それによって、発想だけでなく、習慣が変わる可能性が高まるからです。前に述べたように、個人の能力（コンピテンシー）の学習が進めば、高いモチベーションの裏打ちを受けながら、おのずと創造性や業績につながるからです。

3　効果的なコーチング

(1)　コーチングとリーダーシップ

リーダーが行うコーチング（coaching）とは、「メンバーの内発的、自律的なモチベーションと行動を引き出して、メンバーの成長を支援する働きかけ」です。

そしてこれは、リーダーシップの発揮、つまり「組織やチームが自らの持つ課題や目標を実現するうえで必要としている働きかけ」の一部をなすものと考えるとよいでしょう。

Ⅱ章の図2－2に示したように、個人の成長（コンピテンシーの獲得）とチーム力の伸長がない限り、創造性も業績も得られません。コーチングは、その個人の成長とチーム力を増進させるうえで役立てることができます。

(2)　コーチングの基本姿勢

コーチングにたずさわるには、三つの基本姿勢が求められます。

第一は、メンバーに対して強い関心を持つことです。育成願望を持つと言い換えてもよいでしょう。部下の力を伸ばし、育てたいという気持ち、そしてそれは可能であるという信念が不可欠です。あわせて、部下の人格を尊重します。部下を手段や道具とみるのではなく、一緒にチームの活動を盛り上げ、仕事の成果を目指すという姿勢が必要です。

第二は、部下に対する無条件の信頼です。部下の可能性、能力、意欲、そして将来性などを信じることができなければ、コーチングは成り立ちません。

コーチングが効果をあげ得る可能性を持つのは、メンバーがアンビバレントの心理を持っているからです。メンバーが、今、表向きやる気がなさそうでも、伸びようとする気持ちをみせていなくても、心の中では、それとは逆の前向きの意欲を持っていると信じない限り、コーチングに身が入りませんし、効果もあがりません。

第三は、リーダー自身の自己管理がしっかりしていなければなりません。誠実さ、倫理観、規則遵守、前向きの姿勢などはあたりまえのことです。自分のことはいい加減にしていたのでは、メンバーからの信頼は寄せられませんから、コーチングは成り立ちません。

(3) コーチングの基本技法

チームマネジメントはコミュニケーションを通してなされます。これまでみてきたように、

図7－3　コーチングの基本技法

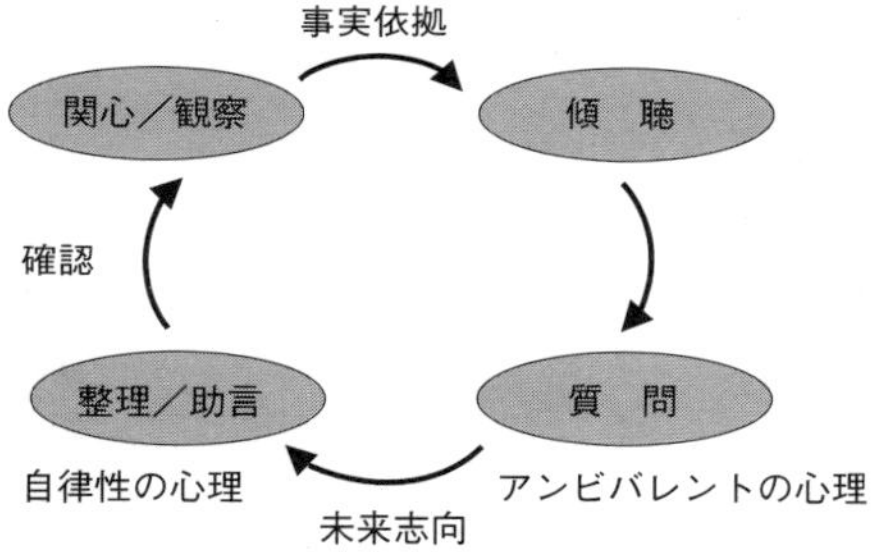

目標や課題を把握するにも、それをメンバーと共有するにも、リンケージを作るにも、意欲づけをするにも、何事もコミュニケーションがなければできません。

コーチングの基本技法もコミュニケーションです。

そして、このコミュニケーションをよくするとは、コストをかけること、つまり時間、手間、労力をかけるのをいとわないことの決断です。ですからコーチングには時間がかかります。手間もかかります。辛抱や我慢も必要です。

コーチングの基本技法は、図7－3に示すように、四つに細分化できます。

①関心と観察

第一は「関心と観察」です。メンバーの成長を願い、そのために心から関心を持ち、偏見を持つことなく、メンバーをしっかりと観察します。よく〝観る〟と表現したほうがよいでしょう。コーチングは、メンバーの現状を、事実を踏まえて客観的に的確に把握し、理解することから始まります。

②傾聴と質問

第二と第三は「傾聴」と「質問」です。メンバーはある事態に直面しています。順調なときであれば、話をよく聴いて、メンバーに成功方程式を持ってもらうような質問があるとよいでしょう。

逆に、迷い、悩み、不安を感じているときであれば、よく観ることに加えて、メンバーの意見や考えに耳を傾けます。そして状況をよくつかむために質問をします。問いかけであり、予断を持った詰問ではありません。

メンバーが迷い、悩み、不安を持っているとすれば、四つの状況のいずれかに陥っているときです。つまり①困難にぶつかっているとき、②状況が曖昧なために整理がついていないとき、③状況が変化しているとき、そして④何かが足りないとき、です。

それぞれの状況ごとに、メンバーに対する質問の例を挙げてみましょう。

困難さについては、「今、何が難しいと感じているのか」「どのくらい困難なのか」「今まで似たようなことはなかったか」などです。

曖昧さについては、「今、何かわからないところがあるのか」「はっきりしないところは何か」「この後どうなるか読めないことは」などです。

変化については、「前と大きく変わってきていることはないのか」「何か当てが外れたことはないのか」などです。

そして不足については、「人、時間、財源、知識など足りないものはないのか」「これがあればというものがあるか」などです。

③整理と助言

第四は「整理」と「助言」です。さきの観察、傾聴、質問をもとにして、メンバーに自らの迷いと悩みをよく整理させます。そしてメンバーのアンビバレントの心理からして、前向きのモチベーションが生まれることを信じます。

「答えはメンバーが持っている」がコーチングの基本的な考え方とされています。これはメンバーの前向きの意欲と自律性、主体性を信じることを意味しています。ですから、一方的な指示や命令ではなく、結論はメンバーに出させます。したがって、リーダーの役割は整理と助言です。

(4) コンピテンシーのコーチング——その機会とタイミング

ここで検討しているコーチングは、悩みのカウンセリングではありません。むしろリーダーシップの一環として、前向きのモチベーションの引き出しと、コンピテンシーラーニングを促進するためのものです。

したがって、メンバーが主体ではありますが、リーダーも働きかけや介入をいといません。またコーチングを行う機会については、日常的に行うのはもちろんですが、目標管理サイクルの目標設定面談や成果評価面談を利用することでより一層の効果をあげます。

①目標設定面談において

メンバーが高い水準の目標を設定するとともに、それに意義を感じ、自分のものとして受け入れ、それにコミットすることが理想的です。これを目指して、事前に必要な資料（前期の目標と実績、今期の申告目標など）を精査し、十分に準備して面談に臨みます。この準備をしっかり行うことこそが、メンバーに対する関心や期待の現れでもあります。

なお、メンバーが、新規の課題にチャレンジする場合と、すでに経験したことのある課題にかかわる場合では、コーチングのあり方が少し違います。チャレンジ課題の場合は、新規課題の成果に至るシナリオのイメージを一緒に考え、それをポジティブに描いて、見通しと自信を得させることや、無用の失敗不安を緩和することが主眼になるでしょう。

経験したことのある課題の場合は、メンバーに自己の役割や課題の再定義（Ⅵ章を参照）を検討させ、発想や視点の転換、視野の拡張を促し、行動習慣や意識化習慣の継続を勧めます。

②成果の評価面談において

成果が出た後については、成果そのものを冷静にかつ的確に評価することが重要です。それと同時に、次の目標設定につながる意見交換がなされるとよいでしょう。

また成果がよかったときもそうでなかったときも、行動習慣や意識化習慣がどのくらいなされてきたかを振り返ります。コンピテンシーの学習が促進されるからです。もちろん、学習目標を設定していたとすれば、それの成果についてもメンバーとともに確認し、次の期の目標設定に生かします。

終章　リーダーとしての自信をどう獲得するか

チームのマネジメントについて、いろいろなことを考えてきました。その締めくくりとして二つのことを述べて、本書を終えたいと思います。

1　自信を持とう

(1)　自信の源泉

リーダーはしんどい仕事ですから、「自信を持とう」といわれてもそう簡単にはいかない、というのが実感でしょう。リーダーの自信の源泉はどこにあるのかを考えてみましょう

リーダーの自信をしっかりと扱った研究は、これまで国内外でほとんど見当たりません。筆者たちは自信の源泉を調べ始めています。その成果を簡潔に紹介しましょう[1]。

①自己期待の充足

第一の源泉は、自分の持つ基準を満たせることでした。例えば、リーダーとしてのあるべき姿勢に沿えており、また自分が立てた目標や課題が達成できていると思えているリーダーほど、より高い自信を持っていました。

②他者期待の充足

第二は、他者（組織、上司、部下、顧客）からの期待を満たせることでした。例えば、企業や上司の期待に応えられており、またメンバーの期待や満足感を満たせていると思えているリーダーほど、より高い自信を持っていました。

③経験のとらえ方と活用

そして第三は、経験のとらえ方と活用でした。日頃から、自分のさまざまな経験から共通原理を抽出しているリーダー、あるいは他者の経験を自分に重ね合わせているリーダーほど、また自分の嬉しかった体験や厳しかった体験を時々振り返って次に生かしているリーダーほど、より高い自信を持っていました。このような経験の生かし方は、Ⅶ章で述べたコンピテンシーラーニングそのものです。

これら三つの中で、最も強い源泉は、他者期待の充足でした。少なくともわが国のリーダーは、自分の基準を満たせているかどうかよりも、組織や周囲の人の期待を満たせているかどうかで、自分の自信を決めているようです。

日本人は他者志向性が強いといわれますが、自信の持ち方においてもそれがみられたわけです。他者志向がよいか悪いかを議論しても始まりません。少なくとも日本のリーダーはそうであるということが重要です。

(2)　他者の期待を満たすための条件

他者期待を満たすために必要なのは、自分を無にすることや、迎合を旨として他者におもねることではありません。むしろ逆で、次の三つが必須条件でしょう。

・基軸をいつも確認しておくこと

基軸をしっかりと固めておくことです。これは自チームの目標や課題の明示を含みます。これには「自分」がはっきりと映し出されています。

・いざ、ここぞというときに、しっかりとした言動をすること

リーダーに対する評価は、チームが難局や迷いの状況に直面したときに、そのリーダーがどのように対処しているかで決まります。周囲はそれをみているのです。

立派なリーダーは、淡々とした状況ではメンバーに任せておきます。そして難しいクリティカルな状況ではしっかりとした言動をします。周囲はそれで安心を感じます。自分の基軸や日頃の情報収集や人脈、腹のすえ方、勉強と研鑽がものをいいます。

ダメなリーダーは、その逆です。どうでもいいようなときにやたらとがんばります。そして、いざ、ここぞというときには逃げ腰、及び腰です。基軸もなく、勉強もしていないので、判断がつかないのです。

- クレジット（信頼、信用）は自ずとついてくる

リーダーシップというのは影響力の問題です。自分にはパワーがある、影響力があると思っても、周りの人がそれを受け入れてくれなければ空振りです。相手が評価してくれて初めて成り立つのが影響力です。受け入れてくれるかどうかの鍵は、周りから寄せられている信頼や信用、つまりクレジット（credits）です[2]。

このクレジットは、リーダーのあげた実績についてきます。実績とは、高い業績も含まれますが、しばらくは業績があがらないこともあります。しかしそんなときでもくじけずに、誠実に、根気強く自分を鼓舞し、メンバーを激励し、支援します。これも大きな実績です。周りはみているのです。このような実績があれば、クレジットはついてきます。

2　人間力を磨く

(1)　社会を意識した矜持を持とう

自信を持つことを勧めました。その自信は、社内や周辺のみで幅をきかすだけの、ひとりよがりの偏狭なものではありません。しっかりと社会を見据えたものです。顧客志向の本質はここにあるはずです。

今日、ほとんどすべての組織が熾烈な競争にさらされています。その競争に負けるのでは、企業業績の確保は望めません。競争力は、効率性と低コストの実現か、他社とは差異化された独創性の創出で生まれます。成果主義の導入が進められている背景には、それによって競争力を生み出そうという願いが込められているわけです。

このことは、今やリーダーはよくわかっています。しかしたやすくはありません。しかも多くの場合、要員も予算も縮小されていますから、状況はとても厳しく、頭も胃も痛みます。

だからといって、目前の結果を出すことに気を奪われて、自分たちの論理や都合だけを優先してしまい、社会からの期待や社会への責任を忘れることのないようにしたいものです。

(2) 企業のブランド力としての倫理性

状況が厳しい中で、この数年、しっかりしていると思われていた組織において種々のゆゆしき問題事象が発生しています。それには隠蔽《いんぺい》、不当表示、虚偽報告などの社会を欺くような「企業倫理」に関するものや、基本的ルールの違反やミス、それに起因する重大事故など「安全」に関するものが含まれています。

しかし、組織内の状況の厳しさと、各種の問題事象の発生との間に因果関係があるとはいえません。状況は同じように厳しくても、問題事象を起こさない組織があるからです。組織内の倫理や安全確保にかかわる前向きの価値観、経営者をはじめとするリーダー層の見識や気持ちの豊かさが鍵を握っています。

どこの組織も、競争力を得るために、自らのブランド力の向上を目指しています。その中身として、誰もが思いつく製品やサービス、技術、財務、人的資源などだけでなく、倫理性やコンプライアンスを、これまでよりも数倍、意識して含めておく必要があります。これが少し揺らぐだけでも、組織のブランド力は地に落ちてしまいます。

リーダーの社会性を持った自信と、倫理性のたえざる確認は、これからますます重要性を増しています。

引用文献および参考文献

Ⅰ章

1 例えば Kiker, D. S., & Motowidlo, S.J. (1999) Main and interaction effects of task and contextual performance on supervisory reward decisions. *Journal of Applied Psychology.* Vol.84, 602-609.

2 Ghorpade, J. (2000) Managing five paradoxes of 360-degree feedback. *Academy of Management Executive,* Vol.14, 140-150.

3 Kotter, J.P. (1990) *A force for change: How leadership differs from management.* New York: Free Press.

Ⅱ章

1 古川久敬『基軸づくり――創造と変革を生むリーダーシップ』（新版）二〇〇三年（日本能率協会マネジメントセンター）

2 古川久敬「いま、企業に必要なアセスメントは何か」『人材教育』一五巻一〇号一六～二〇頁、二〇〇三年（日本能率協会マネジメントセンター）

3 次にくわしい。Amabile, T.M. (1996) *Creativity in context.* Westview Press.

Ⅲ章

1 DeGraff, J. & Lawrence, K.A.（2002）*Creativity at work*. *University* of Michigan Business School を参考とした。

2 古川久敬「人的資源とビジネスモデルとの相互充足性原理」『一橋ビジネスレビュー』五〇巻一号、五四～六八頁、二〇〇二年

3 Donovan, J.J. & Williams, K.J.（2003）Missing the mark: Effect and causal attributions on goal revision in response to goal-performance discrepancy. *Journal of Applied Psychology*, 88, 379-390.

4 McGrath, R.G.（2001）Exploratory learning, innovative capacity, and managerial oversight. *Academy of Management Journal*, 44, 118-131.

Ⅳ章

1 古川久敬『構造こわし――組織変革の心理学』一九九〇年（誠信書房）にくわしい。

2 前掲の拙著7章において、チームによる情報の練り上げのプロセスについて、対人的交流記憶や情報の練り上げ（情報のA→B→A変換）の観点から述べられている。

V章

1 産業能率大学研究開発部「チームリーダーシップに関する調査」報告書（二〇〇二年）を参照。

2 雇用者（principal）と働く個人（agent）との間の葛藤関係に注目するAgency Theoryのとらえ方は興味深い示唆を提供してくれる。くわしくは、Eisenhardt, K.M.（1989）Agency theory: An assessment and review. *Academy of Management Review*, 14, 57-74.

3 ブレイン・ストーミング技法のアイディアは、次に始まっている。Osborn, A.F.（1957）*Applied imagination*. Scribner.

4 McGrath, R.G.（2001）Exploratory learning, innovative capacity, and managerial oversight. *Academy of Management Journal*, 44, 118-131.

5 杉原徹哉・梅澤幸宏ほか「時限性チームにおけるリーダーシップの研究(2) 高い成果と関係するチーム状態とリーダー行動の検討」『産業・組織心理学会第一八回大会発表論文集』一六六～一六九頁、二〇〇二年

Ⅵ章

1 Bandura, A.（1986）*Social foundations of thought and action: A social cognitive theory*. Prentice-Hall. など。

2　古川久敬「目標による管理の新たな展開：モチベーション、学習、チームワークの観点から」『組織科学』三七巻一号、一〇～二二頁、二〇〇三年を参考とした。

3　Ford, M.E.(1992) *Motivating humans : Goals, emotions, and personal agency beliefs.* Newburry Park, CA: Sage.

4　Locke, E.A. & Latham, G.P. (1990) *A theory of goal setting and task performance.* Englewood Cliffs, NJ: Prentice-Hall.（松井賚夫・角山剛訳『目標が人を動かす』ダイヤモンド社）

5　Lawler, E.E. (1973) *Motivation in work organization.* Pacific Grove.CA: Brooks/Cole.（安藤瑞夫訳『給与と組織効率』ダイヤモンド社）

6　古川久敬「人的資源とビジネスモデルとの相互充足性原理」『一橋ビジネスレビュー』五〇巻一号、五四～六八頁、二〇〇二年

7　Hackman, J.R. (2002) *Leading teams: Setting the stage for great performances.* Harvard Business School Press.

Ⅶ章

1　古川久敬監修・著『コンピテンシーラーニング——業績向上につながる能力開発の新指標』二〇〇二年（日本能率協会マネジメントセンター）において、コンピテンシーの概念、研究の歴史、測定方法、実証研究の結果などが詳述されている。

2 Sparrow, P. (2002) To use competencies or not to use competencies? That is the question. In M. Pearn, (Ed.) *Individual differences and development in organizations.* pp. 107-131. John Wiley & Sons.
3 1にくわしく紹介されている。
4 習慣測定尺度（三〇項目）は、筆者と日本能率協会マネジメントセンター・アセスメント研究所との共同研究による。
5 古川久敬・池田浩「企業組織におけるリーダーの自信は何から生まれるか　経験の省察と他者および自己期待を充足することの効果」『産業・組織心理学会第一九回大会発表論文集』一二八〜一三一頁、二〇〇三年
6 上則直子・古川久敬「チーム業績の規定因としての成員による価値・基準および知識・スキルの学習」『産業・組織心理学研究』一四巻一号、六五〜七四頁、一九九九年
7 古川久敬・浦聖子「職場における成功経験・つまずき経験の共有が問題事象の抑制に及ぼす効果」九州大学大学院人間環境学研究院未発表資料、二〇〇三年

終章

1 古川久敬・池田浩「企業組織におけるリーダーの自信は何から生まれるか：経験の省察と他者および自己期待を充足することの効果」『産業・組織心理学会第一九回大会発表論文集』一二八〜一三一頁、

二〇〇三年
2　古川久敬『基軸づくり――創造と変革を生むリーダーシップ』（新版）二〇〇三年（日本能率協会マネジメントセンター）

日経文庫案内（2）

62 セクシュアル・ハラスメント対策　山田・舟山
63 クレーム対応の実際　中森・竹内
64 アウトソーシングの知識　妹尾雅夫
65 グループ経営の実際　寺澤直樹
66 人事アセスメント入門　二村英幸
67 会社分割の進め方　中村直人
68 人事・労務用語辞典　花見忠・日本労働研究機構
69 ネットビジネスのセキュリティ入門　三輪信雄
70 製品開発の知識　延岡健太郎
71 コンピテンシー活用の実際　相原孝夫
72 営業マネジャーの実際　山口裕
73 ISO14000入門　吉澤正
74 コンプライアンスの知識　高巖
75 持株会社経営の実際　武藤泰明
76 人材マネジメント入門　守島基博
77 チームマネジメント　古川久敬
78 日本の経営　森一夫
79 IR戦略の実際　日本IR協議会
80 パート・契約・派遣・請負の人材活用　佐藤博樹
81 知財マネジメント入門　米山・渡部
82 CSR入門　岡本享二
83 成功するビジネスプラン　伊藤良二
84 企業経営入門　遠藤功
85 はじめてのプロジェクトマネジメント　近藤哲生
86 人事考課の実際　金津健治
87 TQM品質管理入門　山田秀
88 品質管理のための統計手法　永田靖
89 品質管理のためのカイゼン入門　山田秀
90 営業戦略の実際　北村尚夫
91 職務・役割主義の人事　長谷川直紀
92 バランス・スコアカードの知識　吉川武男
93 経営用語辞典　武藤泰明

〈C〉 会計・税務

1 財務諸表の見方　日本経済新聞社
2 初級簿記の知識　山浦・大倉
4 会計学入門　桜井久勝
7 連結財務諸表の知識　野村健太郎
11 取締役・監査役のための財務諸表の知識　藤野・天野
12 経営分析の知識　岩本繁
13 Q&A経営分析の実際　川口勉
15 会社経理の実際　服部・青山
18 月次決算の進め方　金児昭
19 会計監査の知識　川口勉
21 資金繰りの手ほどき　細野康弘
23 原価計算の知識　加登・山本
30 英文簿記の手ほどき　小島義輝
31 英文会計の実務　小島義輝
33 法人税の手ほどき　熊谷安弘
34 法人税対策の手ほどき　渡辺政宏
35 相続・贈与税の知識　佐々木秀一
36 売掛金管理の手引　島田勝弘
37 入門・英文会計(上)　小島義輝
38 入門・英文会計(下)　小島義輝
39 連結決算書の読み方　吉村・岩渕
40 キャッシュフロー計算書の見方・作り方　岩崎彰
41 管理会計入門　加登豊
42 税効果会計入門　岩崎彰
43 国際会計基準の知識　西川郁生
44 時価会計入門　岩崎・大村
46 コストマネジメント入門　伊藤嘉博
47 連結納税の知識　玉澤・上原
48 時価・減損会計の知識　中島康晴
49 Q&Aリースの会計・税務　井上雅彦
50 会社経理入門　佐藤裕一
51 企業結合会計の知識　関根愛子
52 退職給付会計の知識　泉本小夜子
53 会計用語辞典　片山・井上

〈D〉 法律・法務

1 株式会社の知識　宮島司
3 管理職のための人事・労務の法律　安西愈
4 人事の法律常識　安西愈
5 営業マンの法律常識　永渕泰清
6 取締役の法律知識　中島茂
7 監査役の法律実務　藤野信雄
8 担保・保証の実務　岩城謙二

9 契約書作成の手引　本谷康人
11 不動産の法律知識　鎌野邦樹
13 Q&Aリースの法律　伊藤・川畑
14 独占禁止法入門　厚谷襄児
15 知的財産権の知識　寒河江孝允
17 PLの知識　三井・猪尾
18 就業規則の知識　外井浩志
19 Q&A PLの実際　三井・相澤
20 リスクマネジメントの法律知識　長谷川俊明
21 総務の法律知識　中島茂
22 環境法入門　畠山・大塚・北村
23 ネットビジネスの法律知識　牧野和夫
24 株主総会の進め方　中島茂
25 Q&A「社員の問題行動」対応の法律知識　山田秀雄
26 個人情報保護法の知識　岡村久道
27 倒産法入門　田頭章一
28 銀行の法律知識　階・渡邉
29 債権回収の進め方　池辺吉博
30 金融商品取引法入門　黒沼悦郎
31 会社法の仕組み　近藤光男

〈E〉 流通・マーケティング

4 流通用語辞典　日本経済新聞社
5 物流の知識　宮下・中田
6 ロジスティクス入門　中田信哉
13 マーケティング戦略の実際　水口健次
16 ブランド戦略の実際　小川孔輔
17 マーケティング・リサーチ入門　近藤光雄
20 エリア・マーケティングの実際　米田清紀
22 店頭マーケティングの実際　大槻博
23 マーチャンダイジングの知識　田島義博
27 現代の外食産業　茂木信太郎
28 広告入門　梶山皓
29 広告の実際　志津野知文
30 広告用語辞典　日経広告研究所
32 マーケティングの知識　田村正紀
33 商品開発の実際　高谷和夫
34 セールス・プロモーションの実際　渡辺・守口
35 マーケティング活動の進め方　木村達也
36 売場づくりの知識　鈴木哲男
37 eブランド戦略　須藤実和
38 チェーンストアの知識　鈴木豊
39 コンビニエンスストアの知識　木下安司
40 CRMの実際　古林宏
41 マーケティング・リサーチの実際　近藤・小田
42 接客販売入門　北山節子
43 フランチャイズ・ビジネスの実際　内川昭比古
44 競合店対策の実際　鈴木哲男
45 インターネット・マーケティング入門　木村達也
46 マーケティング用語辞典　和田・日本マーケティング協会
47 ヒットを読む　品田英雄
48 小売店長の常識　木下・竹山

〈F〉 経済学・経営学入門

1 経済学入門(上)　篠原三代平
2 経済学入門(下)　篠原三代平
3 ミクロ経済学入門　奥野正寛
7 財政学入門　入谷純
8 国際経済学入門　浦田秀次郎
9 金融　鈴木淑夫
10 マネーの経済学　日本経済新聞社
12 産業構造入門　小野五郎
13 産業連関分析入門　宮沢健一
14 計量経済学入門　宮川公男
15 経済思想　八木紀一郎
16 コーポレート・ファイナンス入門　砂川伸幸
20 現代統計学(上)　國友直人
21 現代統計学(下)　國友直人
22 経営管理　野中郁次郎
23 経営戦略　奥村昭博
24 OR入門　宮川公男
25 現代企業入門　土屋守章
27 国際経営　安室憲一
28 労働経済学入門　大竹文雄
29 ベンチャー企業　松田修一
30 経営組織　金井壽宏
31 ゲーム理論入門　武藤滋夫
32 国際金融入門　小川英治

14 生産入門 谷津　進
15 貿易入門 久保広正
16 経営入門 高村寿一
17 会社法入門 宍戸善一
18 会計入門 木下徳明
20 アメリカ経済 みずほ総合研究所
23 エネルギー問題入門 田中紀夫
26 環境問題入門 小林・青木
28 世界の紛争地図 日本経済新聞社
33 医療問題 池上直己
34 IT経済入門 篠崎彰彦
35 金融マーケット入門 倉都康行
36 流通のしくみ 井本省吾

ビジュアル版

1 経営分析の基本 佐藤裕一
3 マーケティングの基本 野口智雄
4 証券の基本 熊谷　巧
5 経営の基本 武藤泰明
6 流通の基本 小林隆一
7 経理の基本 片平公男
8 貿易・為替の基本 山田晃久
9 日本経済の基本 小峰隆夫
10 金融の基本 高月昭年
11 世界経済の基本 貞広　彰
12 マネジメントの基本 高梨智弘
13 人事の基本 北島雅則
14 品質管理の基本 内田　治
15 保険の基本 森宮　康
16 会社税務の基本 高木・小林
17 広告の基本 清水公一
18 IT活用の実際 内山　力
19 マネジャーが知っておきたい経営の常識 内山　力
20 株式会社の基本 柴田和史
21 ナレッジマネジメント入門 紺野　登
22 マーケティングの先端知識 野口智雄
23 キャッシュフロー経営の基本 前川・野寺
24 企業価値評価の基本 渡辺　茂
25 M&Aの基本 前川・野寺・松下
26 ニューテクノロジーの基本 野口・三菱総合研究所

〈N〉業界研究シリーズ

1 自動車 中西孝樹
2 電機 片山栄一
3 通信 増野大作
5 鉄鋼 山口　敦
4 ITサービス 佐藤博子
6 化学 金井孝男
8 食品・飲料 佐治　広
9 繊維 村松高明
10 小売り 朝永久見雄
11 商社 吉田憲一郎
12 銀行 野﨑浩成
13 生保・損保 岡本光正
14 建設 高木　敦
15 電力・ガス 圓尾雅則

古川 久敬（ふるかわ・ひさたか）
専門は組織心理学
教育学博士
1947年　佐賀県生まれ
1972年　九州大学大学院教育学研究科修士課程修了
同　年　旧日本国有鉄道鉄道労働科学研究所 研究員，
　　　　主任研究員（1972～86年）
1980年　New York 州立大学（Binghamton 校）
～81年　経営管理学部客員研究員
1986年　九州大学教育学部助教授，教授を経て
2000年　九州大学大学院人間環境学研究院教授
2003年　九州大学ビジネススクール教授併任

著　書
『基軸づくり（新版）』（日本能率協会マネジメントセンター，2003），『コンピテンシーラーニング』（日本能率協会マネジメントセンター，2002），『構造こわし－組織変革の心理学』（誠信書房，1990），『組織デザイン論』（誠信書房，1988），『集団とリーダーシップ』（大日本図書，1988）など多数

日経文庫1006
チームマネジメント
2004年3月15日　1版1刷
2007年1月29日　　　9刷

著　者　古川久敬
発行者　羽土　力
発行所　日本経済新聞出版社
http://www.nikkeibook.com/
東京都千代田区大手町1-9-5　郵便番号100-8066
電話（03）3270-0251

印刷　東光整版印刷・製本　トキワ製本所

ISBN 978-4-532-11006-2

読後のご感想をホームページにお寄せください
http://www.nikkeibook.com/bookdirect/kansou.html